SCHLACHTSCHÜSSELBLUT

Lothar Reichel

SCHLACHT SCHÜSSEL BLUT

Blacky wird verfolgt

Buchverlag Peter Hellmund

Haie sah sich noch einmal um
und sagte ingrimmig, gesättigt
und etwas rätselhaft:
„Rache ist Blutwurst."

Erich Maria Remarque
Im Westen nichts Neues (1929)

DAS BUCH

Es ist Schlachtschüsselzeit in Schweinfurt. Christian „Blacky" Schwarz, Kriminaloberkommissarin Kerstin Weiß und ihre Großmutter Martha Grimm haben es mit einer Reihe von merkwürdigen Vorfällen zu tun. Radiomoderator Blacky hat eine ominöse Begegnung mit einem Bettler, der durch die Stadt zieht und auf der Mundharmonika „Das Lied vom Tod" spielt. Martha Grimm, pensionierte Kriminalbeamtin, die ihrer Enkelin das Leben schwermacht, gerät in einem vietnamesischen Imbiss auf die Spur einer alten Fehde, die bis zum Vietnamkrieg zurückreicht. Im Schwarzen Weg wird ein italienischer Wirt erschossen, der im Ruf stand, der „Pate" von Schweinfurt zu sein – ein Fall für Kerstin Weiß und die Mordkommission. Dazu muss Blacky die sehr unangenehme Erfahrung machen, dass ihn offensichtlich eine Stalkerin verfolgt, die vor nichts zurückschreckt. Am Abend der legendären Martinsschlachtschüssel kommt es dann zum blutigen Finale mit überraschendem Ausgang.

Der siebte Schweinfurter Kriminalroman ist diesmal eine Geschichte über Rache und ihre Tücken.

DER AUTOR

Lothar Reichel ist Journalist und wurde in Schweinfurt geboren. Für ihn ist die Stadt am Main nach wie vor bestens geeignet, um von Verbrechen und menschlichen Abgründen zu erzählen. Auch diesmal ist sein Roman ein Produkt der Phantasie und nur manchmal nah an der Wirklichkeit.

1

Das Messer war sein ganzer Stolz. Ein japanisches *Hōchō*, handgeschmiedet in der traditionellen Form, weshalb es sogar die Bezeichnung *Wabōchō* verdiente, die für höchste Güte stand. Es hatte eine Santoku-Klinge aus Tamahagane, dem Stahl der Samurai-Schwerter, und war damit ein „Messer der drei Tugenden", vielseitig einsetzbar, um Fleisch, Fisch und Gemüse blitzschnell und völlig akkurat schneiden zu können. Er schliff die Klinge regelmäßig und sorgfältig auf einem japanischen Wasserstein und wickelte das Messer jeden Abend in ein weiches Tuch, bevor er es in das Regal über der Arbeitsplatte legte. Widerwillig benutzte er beim Schneiden eine Unterlage aus Kunststoff, um den deutschen Hygienevorschriften Genüge zu tun. Denn er wusste, dass sein Hōchō eigentlich nach einem Schneidebrett aus weichem Ginkgoholz verlangte. Eifersüchtig wachte er wie ein echter japanischer Koch darüber, dass sein Messer von niemand anderem berührt oder gar benutzt wurde.

Dabei stammte Phan Minh Trung nicht aus Japan, und er war auch kein echter Koch. Das, was er tagtäglich in seiner kleinen Küche zu Stückchen schnitt, war kein wertvoller Roter Thunfisch und kein exquisites Fleisch vom Kobe-Rind, sondern tiefgefrorenes Pangasiusfilet, billiges Schweine- und noch billigeres Hähnchenfleisch vom Großmarkt. Beim Einkauf von Enten achtete er immerhin auf eine gewisse Qualität, und stolz war er auf seine Fähigkeit, Gemüse dekorativ zu verarbeiten. Dabei war ihm aber klar, dass seine Gäste dies nicht zu würdigen wussten. Eigentlich wussten sie überhaupt nichts zu würdigen, sondern wollten bei ihm und seiner Frau nur schnell und günstig essen. Ihr einziger Anspruch: Es sollte immer so schmecken, wie es in einem China-Imbiss eben zu schmecken hatte.

Also setzte ihnen Phan Minh Trung mit stoischer Ruhe und freundlicher Miene das vor, was sie für chinesische Küche hielten. Hauptsache, es war im Wok gerührt und mit viel Sojasoße abgeschmeckt. Am liebsten hatten sie es allerdings „süßsauer". Denn seine deutschen Gäste hatten panische Angst davor, ihr Essen könnte zu scharf sein. Bei „süßsauer" wähnten sie sich auf der sicheren Seite. Die Nummer 43 auf der Speisekarte, Schweinefleisch süßsauer, war deshalb in all den Jahren das beliebteste unter den Gerichten, die Phan Minh Trung abgestumpft und geistesabwesend jeden Tag zubereitete. Sie hatten alle nichts mit der nach frischen Kräutern und Gewürzen duftenden Küche seiner vietnamesischen Heimat zu tun, von der die Schweinfurter Kundschaft keine Ahnung hatte. So wenig, wie sie wusste, dass das stets unergründlich lächelnde Ehepaar mit ihren roten Schürzen überhaupt keine Chinesen waren, sondern aus Vietnam kam. Sogar die Stammgäste, die häufig im China-Imbiss *Happy Wok* in der Langen Zehntstraße verkehrten, wussten nichts über die Herkunft der Familie Phan, über ihr Leben, ihre Sorgen und Probleme.

Und das war Phan Minh Trung nur recht. In den über vierzig Jahren, in denen er nun schon in Schweinfurt lebte, hatte er seine Geheimnisse bewahrt. Die Geheimnisse seiner Vergangenheit und die Geheimnisse seines Doppellebens, das er führte. Nicht einmal seine Frau, geschweige denn seine Kinder, wussten darüber Bescheid. So sorgfältig, wie er sein japanisches Messer hütete, so sorgfältig hütete er auch seine Zunge. Denn er wusste, wie grässlich es aussah, wenn man einem Verräter mit scharfer Klinge die Zunge herausschnitt. Er hatte das schließlich selbst schon getan, damals, vor langer Zeit in den Sümpfen des Mekongdeltas. Und er hatte auch in seiner neuen Heimat Deutschland mehrmals zusehen müssen, wie ein Verräter mundtot gemacht wurde.

Es gab keinen Tag im Leben von Phan Minh Trung, an dem ihn nicht die grausigen Bilder der Erinnerung daran heimsuchten. Und es gab keinen Tag in seinem Leben, an dem er nicht Angst hatte. Angst vor den Geistern der Vergangenheit und Angst vor der Unberechenbarkeit der Zukunft.

*

„Die Schlachtschüssel ist eine Schweinfurter Tradition", sagte Patricia.

„Und wieso gehst du dann nicht selber hin?", nölte Sören.

„Weil ich Vegetarierin bin."

„Du musst ja nichts essen. Es genügt doch, da zu sein, zwei oder drei Interviews zu machen und daraus einen Bericht zu basteln."

„Ich kann kein Fleisch sehen. Mich ekelt es davor."

„Dann soll Valeria hin", schlug Sören vor. „Da kann sie vielleicht endlich mal was lernen."

„Ich bin Veganerin", sagte Valeria. „Wenn ich Fleisch bloß rieche, falle ich schon in Ohnmacht."

„Außerdem schicken wir keine Praktikantin auf diesen Termin", erklärte Patricia. „Die Schlachtschüssel am Martinstag ist heuer der Höhepunkt des Jahres. Die ganze Prominenz ist dabei. Da muss schon ein Profi ran."

„Ach so", sagte Sören. „Das ist natürlich ein Argument. Aber ich dachte immer, an Martini futtert man Gänse."

„Normalerweise ja. Doch das ist eben das Besondere daran. Es hat eine lange und etwas komplizierte Geschichte. Diese Schlachtschüssel findet nur statt, wenn Martinstag und Faschingsbeginn am elften November auf einen Freitag fallen. Ursprünglich wollten die Protestanten damit die Katholiken ärgern."

„Versteh ich nicht."

„Der Freitag war früher katholischerseits ein Fasttag", schaltete sich Blacky ein. „Da wurde kein Fleisch gegessen. Und schon gar nicht eine ganze Sau gefressen. Derjenige, der diese skurrile Martinsschlachtschüssel damals ins Leben gerufen hat, soll ein ziemliches Schlitzohr gewesen sein. Es war eigentlich als Scherz gedacht, hat dann aber lokalpolitische Brisanz bekommen. Lange Zeit gingen da nur Protestanten hin, und die Katholiken protestierten dagegen."

„Heute ist das natürlich anders", ergänzte Patricia. „Wenn die Schlachtschüssel alle paar Jahre stattfindet, reißt sich halb Unterfranken um eine Einladung. Eigentlich fällt das in Olafs Zuständigkeit, aber er ist ja leider verhindert."

Sie warf Valeria einen Seitenblick zu. „Wie geht es ihm denn?"

„Schlecht. Er leidet furchtbar."

„Richte ihm schöne Grüße aus. Und alle guten Wünsche. Vielleicht will er demnächst doch wieder Besuch."

„So schnell nicht, glaub ich. Er ist da etwas eigen. Es soll ihn niemand in seinem Elend sehen."

„Du siehst ihn doch auch", sagte Blacky.

„Das ist ja etwas anderes", erwiderte Valeria spitz.

„Zurück zur Schlachtschüssel", befahl Patricia in ihrem Ich-dulde-keinen-Widerspruch-mehr-Ton, den sie sich als Chefin vom Dienst bei Main-Radio Schweinfurt im Lauf der Zeit angewöhnt hatte. „Also, Sören, noch Fragen dazu?"

„Durchaus." Sören Eckenstade aus Wilhelmshaven, früherer Praktikant und nun Volontär des Senders, gab mit seinem ostfriesischen Sturschädel den Widerspruchsmodus so schnell nicht auf. „Wieso kann eigentlich Blacky das nicht machen? Wenn schon ein Profi gefragt ist."

„Weil", sagte Blacky mit jener Ruhe, die ihn immer befiel, wenn er, wie gerade, eine Tasse Darjeelingtee trank, „ich erstens auf Diät und zweitens katholisch bin. Du als Fischkopf bist ja wahrscheinlich protestantisch, also prädestiniert für diese Schlachtschüssel. Außerdem kommst du aus einer Metzgerfamilie."

„Spinnst du? Wir sind Fischhändler. Mein Vater übt diesen Beruf bereits in der vierten Generation aus."

„Und er schlachtet Fische?"

„Ja natürlich."

„Also ist er ein Metzger, und du als sein Sohn bist dazu berufen, einer Schweinfurter Schlachtschüssel beizuwohnen. Da lernst du was fürs Leben."

„So ein Blödsinn!" Sören schüttelte entrüstet den Kopf. „Aber gut, wenn's unbedingt sein muss ..."

„Es muss", sagte Patricia. „Hier ist die Gästeliste. Es stehen ein paar interessante Namen darauf. Unser schlitzohriger Abgeordneter bringt sogar Besuch aus Asien mit. Vielleicht ergibt sich daraus eine interessante Story. Kulturschock und so. Lass dir was einfallen."

„Ja, ja", murmelte Sören. „Man muss aber nicht aus Asien

kommen, um in Schweinfurt einen Kulturschock zu kriegen. Ich weiß, wovon ich rede."

★

Der Stuck im Treppenhaus des Schweinfurter Justizgebäudes sollte von jeher Pracht vortäuschen, um Justitia und ihre Bediensteten zu überhöhen und die Rechtsprechung mit einer Glorie von Majestät und Autorität zu umgeben. Trotzdem ist dieser Stuck letztlich immer nur billiger Gips gewesen, nichts als scheinbar pompöse Kulisse in einem Theater, in dem jeden Tag über das menschliche Leben mit all seinen Abgründen verhandelt wird. Oft genug sind es Tragödien, die nach den strengen Regeln der Strafprozessordnung einer Katharsis zugeführt werden. Manchmal werden aber auch Komödien aufgeführt, in denen Wahrheit und Lüge munter vertauscht sind und die Lächerlichkeit menschlichen Treibens grotesk zum Vorschein kommt. Aber immer sind es keine Götter, die hier zu Gericht sitzen, sondern Menschen, die sich nur allzu oft für Götter halten. Menschen, die fehlbar sind und Fehlurteile fällen können. Deshalb gilt hier wie andernorts der Grundsatz: Auf hoher See und vor einem deutschen Gericht bist du allein in Gottes Hand!

Silvio Sforza hatte in seinen Jahren als Rechtsanwalt gelernt, dass er trotz aller Akkuratesse und Finesse tatsächlich nicht alles in der Hand hatte – auch wenn er an die Sache mit Gott nicht glaubte. Wie alle raffinierten Anwälte übernahm er zwar grundsätzlich keine Fälle, die von Anfang an aussichtslos waren. Dennoch geschah es hin und wieder, dass auch eine halbwegs sichere Sache aus dem Ruder lief, schwer Schlagseite bekam und am Ende sogar kentern konnte. An diesem Nachmittag war genau das passiert: Ein vermeintlich beherrschbarer Sturm war am Ende zum Orkan geworden und hatte zum Schiffbruch geführt. Der Mandant, dem Silvio Sforza aus guten Gründen einen sicheren Prozess versprochen hatte, stand jetzt schweißnass vor dem Schwurgerichtssaal im Halbstock des Schweinfurter Justizgebäudes und brüllte vor Wut.

„Fünf Jahre! Keine Bewährung! Was soll denn der Scheiß? Sie haben gesagt, Sie holen locker zwei Jahre und Bewährung heraus. Und jetzt? Ich geh doch nicht in den Knast. Nie im Leben!"

Silvio Sforza sah sich unbehaglich um. Die Mitglieder der Ersten Großen Strafkammer des Landgerichts konnten jeden Augenblick aus dem Saal kommen. Nichts war peinlicher als eine lautstarke Auseinandersetzung zwischen Verteidiger und Mandant in aller Öffentlichkeit nach einem gerade erfolgten Urteilsspruch.

„Vielleicht sollten wir das lieber in meiner Kanzlei besprechen", schlug er behutsam vor. „Hier ist nicht so ganz der richtige Ort."

„Is mir doch scheißegal! Wir gehen auf jeden Fall in Berufung. Das ist doch klar, oder?"

„Revision", sagte Silvio Sforza. „Das Rechtsmittel, das uns noch zusteht, heißt Revision. Wir müssen das gründlich überlegen. Aber ich sage jetzt schon: Ich sehe da wenig Chancen. Es geht bei der Revision nicht mehr um die Sache an sich. Sondern nur noch darum, ob das Gericht alle Aspekte rechtlich einwandfrei gewürdigt hat. Und ich fürchte …"

„Warum ist das eigentlich so schiefgelaufen, verdammt noch mal?"

„Der Oberstaatsanwalt ist in seinem Strafantrag weit

über das Maß hinausgegangen, das ich erwartet hatte. Und das Gericht ist ihm in seiner Argumentation stur gefolgt. Bei Steuerdelikten wird neuerdings ziemlich hart zugelangt, leider. Das war früher etwas anders. Dazu kommt, dass Sie ja eben doch keine wirklich weiße Weste haben ... Und natürlich müssen Sie die fünf Jahre nicht absitzen. Nach gut drei Jahren sind Sie auf jeden Fall auf Bewährung raus."

„Drei Jahre ... Was reden Sie da für 'nen Quatsch? Ich geh nicht in den Knast. Keinen Tag. Verstanden?"

„Das kann ich Ihnen nicht versprechen. Ich glaube nicht, dass wir mit einer Revision eine Bewährung erreichen können. Aber zumindest würde sie uns eine Gnadenfrist ermöglichen. Und bitte würdigen Sie bei all Ihrem verständlichen Unmut, dass es mir erneut gelungen ist, die Untersuchungshaft abzuwenden. Der Oberstaatsanwalt hatte ja beantragt, sofort Haftbefehl zu erlassen. Wäre das Gericht dem nachgekommen, hätten vorhin im Saal die Handschellen geklickt. So sind Sie jetzt aber erst einmal ein freier Mann."

„Und das werde ich bleiben! Ich schwör's Ihnen, das werde ich bleiben. Und Sie werden mir dabei helfen. Sonst heißt es: Mitgefangen, mitgehangen. Nur damit das klar ist zwischen uns beiden. Wenn ich in den Knast muss, reiße ich auch alle mit. Dann geht ihr alle mit unter. Das schwöre ich beim Leben meiner Mutter."

Rechtsanwalt Silvio Sforza gab keine Antwort. Schweigend zog er seine Robe aus, legte sie sorgfältig zusammen und verstaute sie in der Aktentasche. Nach dem Orkan und dem Schiffbruch sah er nun hässliche Klippen am Horizont auftauchen. Hässliche, rasiermesserscharfe Klippen.

✶

Der tiefgraue Novembernachmittag nieselte einem schwarzfinsteren Abend entgegen. Bunte Regenschirme verdeckten gnädig Schweinfurts halbtote Innenstadt und tanzten in der Spitalstraße ein chaotisches Ballett. Es gehörte zu Blackys männlichem Credo, niemals einen Schirm zu benutzen, eine etwas trotzige Einstellung, die aber dadurch begünstigt wurde, dass man ja keine nassen Haare bekam, wenn man eine Glatze hatte. Von seinem Freund Lothar hatte er den Grundsatz übernommen, Regen schlichtweg zu ignorieren – was aufs Ganze gesehen in Schweinfurt leichter fiel als an Lothars Wohnort, der sich an der irischen Westküste befand, wo es am Tag wenigstens dreimal regnete. Der penetrante Niesel dieses späten Nachmittags stand aber wahrscheinlich einem ordentlichen Tief über Donegal in keiner Weise nach. Er beschloss, diese Erkenntnis zum Anlass zu nehmen, am Abend endlich wieder einmal anzurufen und mit Lothar über das Wetter und das Leben zu plaudern. Sie hatten seit Wochen nichts voneinander gehört, doch das war angesichts der exzentrischen Lebensweise seines Freundes auch nichts Außergewöhnliches.

Mit langen Schritten ging Blacky Richtung Marktplatz, ohne nach links oder rechts zu schauen. Wie die meisten Schweinfurter hatte er es sich abgewöhnt, die vielen leerstehenden Geschäftsräume in der City noch wahrzunehmen. Überhaupt City ... Ein großes Wort für eine kleine Stadt. Eine Stadt, für die er eine merkwürdige Hassliebe hegte. Eigentlich ein Nichts in der tiefsten fränkischen Provinz und dennoch Zentrum seines Lebens. Geschlagen mit einem Namen, der nur Spott auslösen konnte, aber bei den Einwohnern seit jeher eine Art trotzigen Stolzes hervorgebracht hatte. Schweinfurt war für die Schweinfurter auf eine nicht näher erklärbare Weise der Nabel der Welt, und wie so vielen anderen war es auch Blacky bisher nicht gelungen, sich davon abzunabeln. Es verging zwar kaum ein Tag, an dem er nicht wilde Abwanderungspläne wälzte, aber bisher war es immer nur bei den Gedankenspielen geblieben. Seit der Herbst gekommen war, bastelte er an manchen Abenden auf seiner Gitarre wieder an einigen Bluesstücken herum, die genau das beklagten: die seltsame Unfähigkeit, sich einen Ruck zu geben und das Leben auf neue Füße zu stellen. *I know the better way, and I stay and I stay ...*

Da, wo früher einmal McDonald's gewesen war, saß ein Bettler auf der Straße und spielte Mundharmonika. Er fiel auf. Bettler und Straßenmusikanten waren in Schweinfurt eher eine Seltenheit. Die Indios in roten Ponchos mit Panflöten und El condor pasa als Dauerrepertoire waren seit Jahren völlig verschwunden; in letzter Zeit hockten am Eingang zur Keßlergasse manchmal verhärmte Frauen, die mit ihren kleinen Kindern auf dem Schoß heftig ans Mitleid der Passanten appellierten. Der Mann im Regen gehörte wohl zur Gemeinschaft der Tippelbrüder, das nasse graue Haar war strähnig und verfilzt, sein Bart hatte fast das ganze Gesicht zugewuchert. Vor ihm stand eine Blechbüchse, die Mundharmonika quietschte scheußlich.

Blacky zögerte noch, ob er stehenbleiben und in die Tasche greifen sollte, als der Bettler sein Spiel abrupt beendete. Er hob den Kopf und schaute Blacky direkt an. Wässrige, seltsam blaue Augen.

„Hey, Blacky." Eine heisere, ungesund krächzende Stimme. „Hast'n Euro für mich?"

Verunsichert sah Blacky zu dem Mann hinab. Tief im Unterbewusstsein zuckte so etwas wie eine Erinnerung, die aber sofort wieder verschwand. Er zog das Portemonnaie aus der Seitentasche seiner Jeans.

„Kennst mich nimmer?" Die Stimme wurde vorwurfsvoll und aggressiv.

„Sorry." Blacky schüttelte den Kopf. „Ich hab keine Ahnung …"

„Dann hau ab. Lass dein Geld stecken. Zieh Leine. Geh deiner Wege. Hundskrüppel, verreckter!"

„He!" Blacky spürte, dass er sich am Riemen reißen musste. Er konnte rasch aus der Haut fahren, wenn er blöd angemacht und beschimpft wurde. „So brauchst du nicht mit mir zu reden. Ich hab dir nichts getan."

„Du hast's nur vergessen. Arschloch!"

„Jetzt reicht's aber." Blacky ballte die rechte Hand zur Faust und öffnete sie gleich wieder. Warum ließ er sich eigentlich provozieren? Mittlerweile konnte er den Alkohol riechen, den der Mann ausdünstete.

„Wenn du mir etwas zu sagen hast, dann sag es."

„Verpiss dich, Blacky." Der Mann setzte die Mundharmonika an die Lippen und begann wieder zu spielen.

Kopfschüttelnd ging Blacky weiter. Die Töne, die ihm hinterherklangen, waren so heiser wie die Stimme des Mannes. Sie waren schief, aber er erkannte sie trotzdem: Es war das Mundharmonikasolo aus Spiel mir das Lied vom Tod.

Irritiert schlenderte er am Rathaus vorbei Richtung Zürch und versuchte, den Erinnerungsfetzen von vorhin noch einmal hervorzuholen. Keine Chance. Er war sich ziemlich sicher, diesen Mann noch nie gesehen zu haben, und dennoch war da etwas, das ganz weit entfernt ein Echo in ihm ausgelöst hatte. Aber es gelang ihm partout nicht, dahin vorzustoßen.

Ziemlich durchfeuchtet kam er in der Frauengasse an. Aus dem Briefkasten ragte ein großer brauner Umschlag. Er zog ihn heraus. Keine Anschrift, kein Absender. Er klemmte ihn sich unter den Arm und stieg zu seiner Wohnung hinauf. In den hohen Fenstern des Penthouses spiegelten sich die Lichter der Stadt. Er warf den Umschlag auf den Esstisch, ging ins Bad, rubbelte sich mit einem Handtuch Gesicht und Glatze trocken. Dann streute er Badesalz in die Wanne und drehte den Heißwasserhahn auf. Zurück am Tisch nahm er den Umschlag, öffnete ihn und zog ein Blatt Papier und zwei großformatige Fotos heraus. Erstaunt sah er die Bilder an und überflog den Text auf dem Papier. Er ging zurück ins Bad und stellte das Wasser ab. Im Wohnzimmer griff er nach dem Handy und rief die Nummer von Kriminaloberkommissarin Kerstin Weiß auf.

2

„Ich nehme heute mal die Nummer vierunddreißig", sagte Martha Grimm. „Hühnerfleisch pikant mit Paprika, Chilis und Cashewnüssen."

„Ist ein bisschen scharf", antwortete Phan Minh Trung mechanisch.

„Das hoffe ich. Ich liebe scharfes Essen."

Phan Minh Trung lächelte wie stets unergründlich. Er nahm Kunden, die forsch behaupteten, scharf essen zu können, nicht ernst. Fast immer stellte sich heraus, dass sie sich gewaltig überschätzten und den größten Teil des Gerichts zurückgehen ließen. Deshalb dosierte er auch bei ihnen selbst milde Chilischoten zurückhaltend und deutete nur einen Hauch von Schärfe an. Damit waren in der Regel dann selbst diejenigen zufrieden, die zuvor großspurig verkündet hatten, auf irgendwelchen Märkten in Asien schon alles Mögliche superscharf gegessen zu haben.

So würde es auch bei der alten Dame sein. Sie kam seit einiger Zeit regelmäßig einmal in der Woche in den *Happy Wok,* und es schien ihr bisher jedes Mal geschmeckt zu haben. Sie war freundlich und sehr höflich, trotzdem war sie Phan Minh Trung nicht ganz geheuer. Ihre wachen Augen waren überall, sie beobachtete alles und jeden, nichts schien ihr zu entgehen. Phan Minh Trung war einst darauf gedrillt worden, hinter die Fassaden von Menschen zu schauen und den Gegner auch da zu erkennen, wo man ihn am wenigsten vermutete. Natürlich war diese alte Dame kein Feind, aber er bemerkte ihren lauernden Blick und sah, wie sie alles aufmerksam registrierte. Er wusste, sie war keine gewöhnliche alte Frau, sondern eine, die mit allen Wassern gewaschen war. Wäre sie jünger gewesen, hätte es ihn beunruhigt, so aber amüsierte er sich im Stillen über das harmlose Katz-und-Maus-Spiel, das sie offensichtlich miteinander trieben. Es konnte ja nur ein Spiel sein, denn trotz aller Durchtriebenheit war diese Deutsche wie alle ihre Landsleute nicht einmal im Entferntesten in der Lage, ein kleines Stück in die verborgene Welt vorzudringen, in der Phan Minh Trung lebte.

Er rührte im Wok auf großer Flamme ein Allerweltsgericht zusammen, für das er sich zuhause hätte schämen müssen. Seine Frau Huong brachte es der alten Dame an den Tisch. Wie immer bedankte sie sich überschwänglich und nahm die Essstäbchen zur Hand, mit denen sie verblüffend gut zurechtkam. Sie probierte einen Bissen, dann noch einen und sagte schließlich laut und überraschend streng:

„Das ist ja überhaupt nicht scharf."

Zwei Gäste am Nebentisch sahen sie erstaunt an. Huong schaltete sofort in den Unterwürfigkeitsmodus um, der ihr schon in der Kindheit als einzige Reaktion auf unverblümt geäußerte Kritik eingebläut worden war.

„Ich kann neu machen", sagte sie.

„Nein, nicht nötig. Es ist schon gut so. Ich wollte es nur einmal sagen, weil ihr euch nicht traut, original vietnamesisch zu kochen. Dabei ist eure heimatliche Küche eine der leckersten der Welt."

„Wieso vietnamesisch?", mischte sich einer der beiden Männer ein. „Das ist doch chinesisch, oder?"

Martha Grimm lächelte ihn herausfordernd an.

„Es ist eigentlich keines von beiden. Es ist so eine Art ostasiatischer Einheitsküche, die es leider überall gibt. Was ich sehr schade finde."

„Sie müssen's ja wissen", brummte der Mann. Für einen Schweinfurter war diese differenzierte und persönliche Kritik schon viel zu viel.

„Ich finde, es passt scho'", sagte der andere Mann.

Die schmächtige grauhaarige Vietnamesin stand hilflos daneben und rang die Hände. Martha Grimm schenkte ihr ein versöhnliches Lächeln.

„Sie haben übrigens einen wunderschönen Namen", sagte sie. „Huong. Das heißt doch so viel wie Duft der Blume, nicht wahr?"

Die Vietnamesin strahlte übers ganze Gesicht.

„Woher wissen Sie das?", gluckste sie voller Freude.

„Ach, ich weiß es eben."

„Sie waren schon einmal in Vietnam?"

„Das ist lange her. Und ich werde wohl auch nicht mehr hinkommen."

„Das nie kann man wissen."

„Doch, doch", sagte Martha Grimm. „In meinem Alter weiß man das."

Hinter seinem Wok verfolgte Phan Minh Trung das Gespräch mit höchstem Interesse. Was die alte Dame da von sich gab, erstaunte ihn. Sie schien Kenntnisse zu haben, die über das hinausgingen, was der normale Deutsche so wusste. Seine Neugier auf diese etwas schrullige Lady war nun endgültig geweckt, und er überlegte, ob er nicht aus Spaß ein wenig seiner eigentlichen Profession nachgehen sollte, um etwas mehr über sie herauszufinden. Aber der Gedanke verflog sofort wieder, weil ein Mann seinen Imbiss betrat, den er in diesem Augenblick am allerwenigsten erwartet hätte. Ein antrainierter Reflex ließ sein Gesicht zu einer Maske erstarren, die keinerlei Gefühlsregung mehr verriet.

★

Silvio Sforza trank den dritten Espresso und rauchte die fünfte Zigarette. Fahrig rutschte er auf dem Sessel herum, während sein Gegenüber seelenruhig dasaß, die Füße auf den Besprechungstisch gelegt, in der Hand ein Cognacglas, das er langsam kreisen ließ.

„Scheiße. Große Scheiße", sagte Silvio Sforza zum x-ten-Mal.

Eugen Grob hob das Glas vor die Nase und nahm genießerisch das Bukett des alten Weinbrands auf.

„Exquisit", erklärte er. „Wirklich exquisit. Woher hast du ihn?"

„Weiß nicht mehr genau. Ich glaube, ein russischer Mandant hat ihn mir gebracht. Nach einem gewonnenen Prozess."

„Ja", sagte Eugen Grob. „Manchmal gewinnt man Prozesse. Und manchmal verliert man. So ist das eben."

„Den hätte ich nicht verlieren dürfen."

„Du hättest ihn gar nicht führen sollen. Um es mal recht deutlich zu sagen."

Rechtsanwalt Silvio Sforza sah seinem Sozius Dr. Eugen Grob einen Augenblick lang direkt ins Gesicht. Dann senkte er den Blick.

„Ich musste", sagte er leise. „Es blieb mir nichts anderes übrig."

„Was soll das heißen?"

„Es heißt, was es heißt."

„Silvio, verflucht noch mal. Komm mir nicht mit solchen Sprüchen. Warum blieb dir nichts anderes übrig?"

Sforza warf seinen Zigarettenstummel in den Aschenbecher und ließ ihn dort weiterglühen. Rauch kräuselte zur Mahagonidecke des feudalen Büros empor.

„Er hat mich erpresst."

„Erpresst? Womit erpresst?"

„Tja, mit der alten Sache. Und er hat durchblicken lassen – sehr deutlich durchblicken lassen –, dass er noch mehr weiß."

„Wie bitte? Kannst du da etwas deutlicher werden?"

„Nun ja ... Er hat angedeutet ... also, er hat auch dich erwähnt."

„Das ist nicht dein Ernst." Der Bundestagsabgeordnete und Rechtsanwalt Dr. Eugen Grob zog die Füße vom Tisch, richtete sich auf und stellte das Cognacglas ab.

„Leider", sagte Sforza. „Er scheint etwas von unseren ... von unseren gemeinsamen Reisen zu wissen."

„Aber das ist doch unmöglich."

„Was ist schon unmöglich? Und dann ist da noch etwas."

„Heraus damit! Es geht mir ziemlich auf den Sack, wenn du so herumeierst."

„Er hat auch eine Bemerkung über die kleine Gabrieli fallenlassen. Nur so am Rande. Aber mit einem diabolischen Grinsen im Gesicht."

„Dieser verfluchte Itaker. Dieser Scheißspaghettifresser. Dieser elende Mafioso."

Eugen Grob war aufgesprungen. Er nahm das Cognacglas wieder in die Hand, betrachtete es einen Moment lang und warf es dann unvermittelt gegen die Wand hinter seinem Schreibtisch. Ein dumpfer Knall und leises Klirren, als die Scherben auf den Parkettboden fielen.

Silvio Sforza drehte sich nicht einmal um. Er kannte solche Wutausbrüche seines Partners seit vielen Jahren, und er wusste, dass sie nur die Vorboten eines gewaltigen Sturms waren, der jetzt aufziehen würde. Gestern nach dem verlorenen Prozess im Schweinfurter Justizgebäude hatte er bei den Drohungen von Franco Maureso rasiermesserscharfe Klippen am Horizont gesehen. Jetzt spürte er die Wucht zweier Orkane, zwischen die er geraten war. Orkane, die ihn unweigerlich auf jene Klippen zutreiben würden. Als routiniertem Segler war ihm klar, dass ihn nur ein halsbrecherisches Manöver noch retten konnte. Aber er hatte keine Ahnung, wie er dieses Manöver bewerkstelligen sollte.

„Warum hast du mir nicht schon längst was gesagt?", brüllte Grob ihn an.

„Du bist ja nie zu erreichen. Außerdem hast du mich gebeten, dich mit bestimmten Dingen nicht zu behelligen."

„Ach, leck mich doch am Arsch!"

„Maureso möchte übrigens mit dir persönlich sprechen."

„Und warum?"

„Er will partout nicht in den Knast. Du sollst deinen Einfluss für ihn geltend machen."

„Solchen Einfluss hab ich nicht. Und ich werd' den Teufel tun, mich mit ihm zu treffen."

„Wie du meinst."

„Und du, mein Freund", sagte Eugen Grob nun gefährlich leise, „wirst mir all diese Probleme vom Leibe schaffen. Gründlich und schnell. Denn eines dürfte ja klar sein: Wenn ich in die Klemme gerate, hängst du mit drin. Und das wollen wir doch beide nicht, oder?"

„Schon klar", murmelte Silvio Sforza. Missmutig trat er ans Fenster, öffnete es und sah auf den Marktplatz hinunter. Unangenehm schrille Töne drangen von dort herauf. Ein Landstreicher saß auf den Treppen des Rückert-Denkmals und spielte Mundharmonika. Silvio Sforza kannte diese markerschütternde Melodie natürlich. Ennio Morricone hatte sie für Sergio Leones Film *Spiel mir das Lied vom Tod* geschrieben, und Claudia Cardinale hatte darin die weibliche Hauptrolle gespielt. Viva Italia, dachte er, und scheiß auf Deutschland.

*

Konnte man wirklich so rasch paranoid werden, Verfolgungswahn entwickeln? Blacky hatte sich das den ganzen Vormittag über gefragt, und jetzt stellte er sich diese Frage wieder. Er hatte die Redaktion von Main-Radio Schweinfurt nach der Mittagskonferenz nämlich durch die kaum benutzte Kellertür verlassen und war hinter den Müllcontainern in Deckung gegangen. Von dort konnte er den Parkplatz überschauen, ohne selbst gesehen zu werden. Neben seiner schwarzen Fiat Barchetta stand Patricias knallroter Toyota, gegenüber der uralte Mercedes von Brigitte Scheuble, die ihn am Mikrofon abgelöst hatte. Sörens Fahrrad lehnte am Zaun. So weit schien alles in Ordnung.

Auffällig war nur der giftgrüne Ford, der etwas abseits parkte und ganz und gar nicht hierhergehörte. Die Scheiben waren beschlagen, aber Blacky war sich sicher, dass jemand im Wagen saß. Wartete dieser Jemand auf ihn, lauerte er ihm auf? Oder war alles nur Einbildung? War es bereits ein Symptom für absurden Verfolgungswahn, dass er hinter Müllcontainern erst die Lage sondierte, bevor er zu seinem Auto ging? Einerseits fand er es lächerlich, was er gerade tat, andererseits war die Botschaft eindeutig gewesen:

Das wirst du noch bereuen. Wenn du sie nicht sofort in die Wüste schickst, werde ich dir das Leben zur Hölle machen. Ich lasse dich nicht mehr aus den Augen. Denk dran … jede Minute! Die, die dich liebt …

Nur die paar gedruckten Zeilen auf dem Blatt Papier, das in dem Umschlag gesteckt hatte. Und die Fotos. Kriminaloberkommissarin Kerstin Weiß hatte die ganze Sache gestern Abend am Telefon genervt abgetan und ins Lächerliche gezogen.

„Du, ich bin zu müde, um mich mit solchen Kinkerlitzchen abzugeben. Außerdem würde ich sagen: Herzlichen Glückwunsch. Endlich hast du auch mal eine Stalkerin. Das gehört für einen aus der Showbranche doch eigentlich dazu, oder? Damit bist du auf der Promileiter mindestens drei Sprossen nach oben geklettert."

„Besten Dank fürs Gespräch." Er hatte sich nicht ernst genommen gefühlt.

„Jetzt spiel nicht die beleidigte Leberwurst. Ich hab gerade einfach nicht den Kopf dafür. Morgen früh muss ich nach Würzburg vor die Untersuchungskommission."

„Ach so? Da hast du noch kein Wort davon gesagt."

„Weil's eigentlich intern ist. Also halt bitte den Mund."

„Klar. Ich drück dir natürlich die Daumen."

„Es ist reine Routine. Blöd ist nur, dass Götz Kaminski den Vorsitz hat."

„Oh, das ist doch dieses Arschloch, das nach dem Mord an Oberstaatsanwalt Wurzer die Soko geleitet hat."[*]

„Genau der. Und er wird die Gelegenheit nützen, mir eine reinzuwürgen. Es wird ihm eine helle Freude sein."

---

[*] Bezieht sich auf „Sommernachtstraum" (Schweinfurter Kriminalroman 4)

„Kann er dir was anhaben?"

„Letztlich nicht. Aber er wird mich piesacken. Und da hab ich so was von Bock drauf. Okay, und jetzt will ich meine Ruhe. Wir können uns morgen Mittag mal bei Joe treffen. Ich schick dir 'ne SMS."

Deswegen hatte Blacky am Morgen davon abgesehen, sie erneut anzurufen, als die Sache weiter eskaliert war. Vor seiner Haustür in der Frauengasse hatte eine tote Katze gelegen, völlig blutverschmiert, mit einem Zettel um den Hals.

So wird es dir auch ergehen stand darauf, diesmal in handgeschriebenen Druckbuchstaben. Angewidert überlegte er, was er mit dem Viech tun sollte, als ihm die Glasaugen auffielen. Er bückte sich und stellte erleichtert fest, dass es nur ein Stofftier war, aber täuschend echt gemacht. Und das vermeintliche Blut schien rote Farbe zu sein. Vielleicht war ja alles nur ein dummer Scherz, den er nicht weiter beachten sollte. Doch es konnte auch eine wirklich Verrückte dahinterstecken, die zu allem Möglichen fähig war. Er hatte die Plüschkatze mit dem Fuß zur Seite gekickt und war mit wachsamem Blick durch die frühmorgendlichen Gassen geschlichen, aber er hatte niemanden gesehen. Dennoch hatte er das mulmige Gefühl gehabt, beobachtet zu werden. So leicht entsteht also Verfolgungswahn, dachte er, als er schließlich im Sendestudio hinter dem Mikrofon saß und als Morning Man seine Hörer begrüßte. Jetzt war er der König des Radios und fühlte sich in Sicherheit.

Blacky richtete sich auf und ging um die Müllcontainer herum langsam in Richtung seiner Barchetta. Unauffällig sah er dabei zu dem grünen Ford hinüber. Es saß tatsächlich jemand hinter dem Steuer, durch die beschlagene Seitenscheibe nur verschwommen zu erkennen. Sollte er den Stier oder die Kuh bei den Hörnern packen und gegen die Scheibe klopfen? Aber damit konnte er sich eigentlich nur lächerlich machen. Es gab ja nichts außer einem vagen Verdacht, der vielleicht völlig unbegründet war.

Dann wurde die Fahrertür des Wagens geöffnet, und er hörte eine vertraute Stimme.

„Da bist du ja endlich."

Blacky blieb stehen und grinste erleichtert.

„Wie ist das Wetter in Irland?", stellte er die übliche Frage, die seit langem jedes Gespräch mit seinem Freund Lothar grußlos eröffnete.

„Besser als hier. Recht mild, und manchmal scheint sogar die Sonne. Bei euch scheint's ja nur zu regnen."

„Im Augenblick regnet es nicht", stellte Blacky fest. „Ich wollte dich gestern Abend eigentlich anrufen, habe es dann aber wieder vergessen."

„Du hättest mich sowieso nicht erreicht. Da war ich schon auf dem Weg zum Flughafen."

„Schickes Auto", sagte Blacky. „Vor allem die Farbe."

„Sie gleicht der irischen Nationalfarbe. Ist aber Zufall. Man kann sich bei einem Mietwagen die Farbe nicht aussuchen."

„Was macht dein neuer Krimi?"

„Geht so. Linda macht mir immer mehr Kummer."

„Linda?"

„Linda Morata, meine Profilerin bei der Kripo Schweinfurt. Sie ist in dieser Stadt fehl am Platz. Überqualifiziert sozusagen. Ich müsste sie eigentlich in eine Großstadt versetzen lassen. Dann wär's aber kein Schweinfurt-Krimi mehr. Du hast den ersten Band also immer noch nicht gelesen?"

„Ich wollte in diesen Tagen damit anfangen", log Blacky,

ohne rot zu werden. Niemand las Lothars Bücher. Es waren die erfolglosesten Krimis aller Zeiten. Was seinem alten Freund aber nichts auszumachen schien. Er lebte in einem Cottage an der irischen Westküste, spielte Golf, ging mindestens zweimal am Tag in den Pub und träumte davon, ein berühmter Schriftsteller zu werden. Ab und zu tauchte er völlig überraschend in Schweinfurt auf, blieb ein paar Tage und verschwand dann wieder, ohne sich zu verabschieden. So war es schon immer gewesen, und so würde es wahrscheinlich auch immer sein.

„Warum lauerst du mir hier eigentlich auf?", fragte Blacky.

„Ich lauere dir nicht auf, ich habe auf dich gewartet."

„Du hättest mich auch anrufen können."

„Aber ich habe doch kein Handy."

„Stimmt, das vergesse ich immer wieder." Einer der Gründe, weshalb es so kompliziert war, mit Lothar Kontakt zu halten. Er hatte in seinem Cottage nur einen Festnetzanschluss, war dort aber kaum zu erreichen. Entweder spielte er Golf, saß im Pub oder ging nicht ans Telefon. Auch das würde sich vermutlich nie ändern.

„Wollen wir bei Joe einen Kaffee trinken?", fragte Lothar. „Ich lade dich ein."

Blacky zögerte. „Eigentlich bin ich jetzt verabredet."

„Oh, vermutlich mit Schweinfurts flottester Polizistin. Wo seid ihr denn verabredet?"

„Äh ... bei Joe."

„Na, das trifft sich doch gut. Kerstin wird sich bestimmt freuen, mich mal wieder zu sehen."

„Ich fürchte, das könnte sogar stimmen", gab Blacky zu. „Let's go."

★

Martha Grimm tat so, als ob sie sich ganz und gar auf das Hühnerfleischgericht konzentriere, und fischte mit den Essstäbchen nach jeder einzelnen Cashewnuss. Dabei beobachtete sie verstohlen sehr genau, was da gerade vor sich ging. Sie hatte die atmosphärische Veränderung gleich wahrgenommen, als der Mann hereingekommen war. Der vietnamesische Koch konnte noch so sehr auf Pokerface machen, sie spürte geradezu, wie die Luft zu knistern begann. Phan Minh Trung war nervös, sein Gesicht verriet das nicht, er hantierte aber plötzlich ungeschickt und fahrig. Huong hatte den Gastraum sofort verlassen und war durch einen Vorhang nach hinten verschwunden. Der Mann hatte nicht gegrüßt, war zu einem freien Tisch gegangen, hatte den Stuhl mit einer energischen Bewegung halb weggedreht, sich daraufgesetzt und die Beine flegelhaft von sich gestreckt. Martha Grimm kannte solches Verhalten gut. Es signalisierte in einer Welt, die ihr von früher vertraut war: Ich bin der Boss, und du weißt genau, was du jetzt zu tun hast.

Phan Minh Trung schien es tatsächlich zu wissen. Er holte eine Dose Bier aus dem Kühlschrank, brachte sie zum Tisch, öffnete sie sorgfältig vor den Augen des Mannes und stellte sie vor ihn hin. Dann ging er zurück zu seinem Wok.

Der Mann war zweifelsohne auch ein Vietnamese, allerdings wesentlich größer und deutlich älter als der Koch. Seine grauen Haare waren als Bürstenschnitt gestutzt. Er trug eine schwarze Hose, ein weißes Hemd und einen grauen Blouson. Schweigend trank er das Bier, und Martha Grimm wurde klar, dass er wartete. Er wartete darauf, dass sie den Imbiss verlassen würde, weil sie noch der einzige Gast war. Um dann zuzubeißen. Zuzubeißen wie ein Hai. Sie sah keinerlei Gier in seinen Augen. Nur die selbstgewisse Sicherheit, dass ihm seine Beute nicht entgehen konnte.

Der vietnamesische Koch hatte nun nicht mehr viel zu tun. Er begann Gläser aufzuräumen. Das tat er hastig mit gesenktem Blick. Auf dem Weg zur Theke fiel ihm ein Glas herunter, zersplitterte in kleine Scherben. Einen Moment lang verlor er die Kontrolle über sich, zischte etwas auf Vietnamesisch. Der Mann lächelte spöttisch. Huong eilte mit Besen und Schaufel herbei. Auch sie hielt die Augen gesenkt, schaute den Mann nicht an. Phan Minh Trung hatte zu schwitzen begonnen. Martha Grimm registrierte befriedigt die feinen Schweißperlen auf seiner Stirn. Ihre Vermutung bestätigte sich immer mehr: Der Koch hatte Angst.

Dann kicherte sie leise vor sich hin. Sie konnte dieses Spiel einfach nicht lassen. Denn das Weltgeschehen bestand schließlich vorwiegend aus Verbrechen. Wo immer sie auch allein saß – und sie saß seit vielen Jahren meistens irgendwo allein –, bestand ihr größtes Vergnügen darin, alles und jeden um sie herum mit Argusaugen, denen nichts entging, zu beobachten. Aus diesen Beobachtungen zog sie Schlüsse, und diese Schlüsse entwickelte sie zu farbigen Szenarien. Szenarien, die ihr von früher her vertraut waren. Im Fall des vietnamesischen Imbisses, wo sie einmal in der Woche zu Mittag aß, weil ihr das Essen in der Seniorenresidenz zuwider war, griff sie auf Erinnerungen zurück, die lange zurücklagen. Während des Vietnamkriegs war sie für ein paar Wochen als Kriminalkommissarin im Sittendezernat vom Bundeskriminalamt zu diskreten Ermittlungen in die damalige südvietnamesische Hauptstadt Saigon entsandt worden. Dort hatte sie in der deutschen Botschaft einen hochrangigen Diplomaten zu Fall gebracht, der in besonders scheußliche Machenschaften eines Kinderschänderrings verwickelt war – eine Geschichte, die ihr damals ziemlich nahegegangen war. Sie hatte immer den Wunsch gehabt, noch einmal in friedlichen Zeiten nach Vietnam zurückzukehren, aber das Leben hatte es nicht gewollt. Jedes Mal, wenn sie im *Happy Wok* saß, dachte sie daran und ließ gleichzeitig den Koch und seine Frau nicht aus den Augen.

Huong war recht unauffällig, aber Trung strahlte eine Härte und Disziplin aus, die Martha Grimm zu ihren Gedankenspielen anregten. Bisher war sie davon ausgegangen, dass er allerlei über Alltäglichkeiten wie Schutzgelderpressung und Zigarettenschmuggel hätte erzählen können. Doch das Auftauchen des Mannes mit dem Bürstenhaarschnitt ließ ihre Phantasie nun zu ganz anderen Höhenflügen aufsteigen. Zwischen den beiden Vietnamesen bestand eine spannungsvolle Beziehung, die die Luft förmlich zum Knistern gebracht hatte. Daran bestand für Martha Grimm kein Zweifel. Und sie hatte auch schon eine Theorie.

Seufzend stand sie auf und ging zur Kasse. Das war das Elend an ihrem jetzigen Dasein. Alles blieb nur Beobachtung, Theorie und Phantasie. Sie konnte keine wirklichen Ermittlungen mehr führen, keine Observationen anordnen, Spuren verfolgen oder gar Vernehmungen durchführen. Denn sie war ja nur eine ehemalige Kriminalbeamtin im Ruhestand. Deshalb würde sie auch nie in Erfahrung bringen, warum der Koch Angst vor dem Mann mit dem Bürstenhaarschnitt hatte. Eine resignative Einsicht, die Martha Grimm zutiefst wurmte.

Aber trotzdem hielt sie an ihrem Grundsatz fest: Einmal Polizistin, immer Polizistin. Als sie Huong das Geld gegeben und den Imbiss verlassen hatte, blieb sie draußen in der Langen Zehntstraße stehen, tat so, als ob sie in ihrer Handtasche wühlen würde, und schaute dabei durch die großen Fensterscheiben in den *Happy Wok* zurück. Zu ihrer Verwunderung sah sie, wie der vietnamesische Koch vor dem Mann mit dem Bürstenhaarschnitt auf die Knie gesunken war.

3

Der Bettler mit der Mundharmonika zog durch die Stadt. Er hatte auf dem Marktplatz zu Füßen Friedrich Rückerts gespielt, dessen Gedichte er einst verehrt hatte. Er ging durch die Keßlergasse, wo so ziemlich alles verschwunden war, was er früher gekannt hatte. Andächtig blieb er vor dem Haus stehen, in dem damals seine Lieblingsbuchhandlung gewesen war, die den Namen Rückerts trug. Wie viele Stunden hatte er dort verbracht und mit der alten Dame gefachsimpelt, deren Namen er vergessen hatte? Er hatte viel vergessen, stellte er fest, aber manches war ihm noch präsent, als sei es gestern gewesen. In dieser Stadt hatte er sein Glück gefunden und es wieder verloren. Er war weggegangen und erst vor zwei Tagen zurückgekommen. Dazwischen lagen achtundzwanzig Jahre.

Achtundzwanzig Jahre, in denen er um die Welt gezogen war. Fast drei Jahrzehnte einer einzigen Abwärtsspirale. Von ziemlich weit oben bis ganz nach unten. Die mehr als zehntausend Tage waren jedoch sehr assymetrisch verteilt gewesen. Vielleicht tausend, an denen er in Saus und Braus gelebt hatte. Um die dreitausend, in denen er sich halbwegs über Wasser halten konnte. Noch einmal viertausend, an denen er mehr oder weniger schräg auf der Kippe stand. Das waren im Rückblick die aufregendsten und intensivsten Tage gewesen. Und der Rest: Tage ohne jede Kontur, als er schließlich völlig auf den Hund gekommen war. Jetzt also wieder Schweinfurt. Er war an den Anfang zurückgekehrt, um das Ende zu erreichen.

Ein Platz, an den er sich gar nicht erinnern konnte. Er erkannte nur das Hotel, in dessen Restaurant er früher oft gespeist hatte. Wann war er eigentlich zum letzten Mal in einem Restaurant gewesen? Er überlegte ernsthaft: Irgendwann in Südfrankreich, bevor es endgültig bergab gegangen war. Damals hatte er noch gewusst, was Austern waren und wie ein wirklich guter Rotwein schmeckte. Davon war er inzwischen so weit entfernt wie die Erde von der Sonne.

Er sah sofort, dass er hier unter seinesgleichen war. Auf mehreren Bänken Männer, die sich an Flaschen festhielten. Ein sehr dünnes junges Mädchen streifte mit leerem Blick umher. Das, was sie suchte, hatte mit Sicherheit der bullige Glatzkopf zu bieten, der an einem Baum lehnte und ein Brötchen aß. Aber es würde nicht zum Geschäft kommen, solange der Mann mit der Lederjacke nicht von der Bildfläche verschwand. Er saß auf einer Bank und war scheinbar in sein Smartphone vertieft. Der Glatzkopf wusste höchstwahrscheinlich, was er war; das Mädchen vielleicht nicht. So oder so, der Zivilfahnder in der Lederjacke würde jetzt nichts unternehmen und auch seine Kollegen nicht herbeiholen, die in einem Auto in der Nähe saßen. Denn der Glatzkopf war nur ein kleiner mieser Dealer, mit dem man gelegentlich Katz und Maus spielte, den man im Auge behielt. Das Ziel einer solchen Aktion war selbstverständlich ein ganz anderes; ein Ziel, für das die Katzen viel Geduld brauchten. Es ging um die Hintermänner des Glatzkopfes und um deren Hintermänner. Und letztlich ging es um den ganz großen Boss an der Spitze der Pyramide. Doch dahin zu gelangen und die Riesenratte zur Strecke zu bringen war ein fast unmögliches Unterfangen. Das wusste der Bettler mit der Mundharmonika aus eigener Erfahrung nur zu gut. Vor zehntausend Tagen war er auch eine Katze gewesen, eine Katze, die dann allerdings zur Ratte mutiert war.

Der Bettler ahnte nicht, dass auch er beobachtet wurde. Er hatte nicht bemerkt, wie ihm jemand gefolgt war. Er sah den Mann nicht, der am Rande des Platzes stand.

★

„Was treibt dich denn mal wieder nach Schweinfurt?"

Eine Frage, die Blacky nie stellte, weil er wusste, dass Lothar für seine spontanen Stippvisiten selten einen Grund hatte. Er kam einfach und ging wieder, ganz so, wie es ihm beliebte. Kriminaloberkommissarin Kerstin Weiß, die ihn nur flüchtig kannte, fragte aber in einem Ton, der echtes Interesse zeigte. Sie hatte ihn zur Begrüßung sogar umarmt, was Blacky eher deplatziert und übertrieben fand.

„Ich bin zur Martinsschlachtschüssel eingeladen", antwortete Lothar.

„Zur was?"

„Das ist ein ziemlich barbarischer Brauch, mit dem man dem Namen der Stadt irgendwie Ehre machen will", erläuterte Blacky.

„Wir essen dabei ein ganzes Schwein oder auch mehrere von einem Holzbrett", ergänzte Lothar. „Es ist ein bisschen archaisch."

„Es ist so ähnlich wie im Film *Das große Fressen*", fügte Blacky an. „Nur nicht so kulinarisch."

„Es ist überhaupt nicht so", behauptete Lothar. „Es ist einfach eine Riesengaudi."

„Fettriefend, eine reine Fleischorgie und recht ordinär", sagte Blacky.

„Hört sich doch interessant an", meinte Kerstin Weiß. „So etwas gab's in Aschaffenburg nicht. Kann man da einfach hingehen?"

„Natürlich nicht", sagte Lothar. „Da werden nur bedeutende Leute eingeladen."

„Und wieso hast du dann eine Einladung?", fragte Blacky.

Lothar ignorierte die Frage. „Ich könnte dich mitnehmen", sagte er zu Kerstin Weiß. „Auf der Karte steht ‚mit Begleitung'."

„Echt? Und wann wäre das?"

„Freitagabend. Um achtzehn Uhr."

„Okay. Abgemacht."

„Aha", sagte Blacky. Mehr fiel ihm nicht ein.

„Bist du denn nicht auch dort?", fragte Lothar. „Bei der Dichte an Prominenz ist das doch im wahrsten Sinn des Wortes ein gefundenes Fressen für die Presse. Es soll diesmal sogar ein Minister aus Vietnam zu Gast sein."

„Da weißt du mehr als ich. Nein, ich habe den Termin an Sören, unseren Volontär, abgetreten."

„Tja, dann machen wir uns halt ohne dich einen schönen Abend", sagte Lothar mit einem Grinsen im Gesicht. Blacky hätte ihm dafür eine knallen können. Kerstin Weiß lächelte wie eine Sphinx vor sich hin.

Joe, der tätowierte Barista, der hinter seinem Tresen wie immer alles mitangehört hatte, kam zu ihnen an den Tisch und mischte sich ein.

„Dann sehn'n wir uns ja", sagte er. „Und ich sag euch als Gastronom: So 'ne Schlachtschüssel is ä echte Herausforderung. Wer da net essensmäßig klug disponiert, ist rettungslos verloren."

„Bist du vielleicht auch eingeladen?", fragte Blacky.

„Na klar. Wenn man eine Kaffeebar namens ‚Viva Porcellino' betreibt, ist man ja wohl dafür prädestiniert, um's mal gelehrt auszudrücken."

Er wies auf das Bild des grinsenden Schweins, das an der Wand hing.

„Ja dann", sagte Blacky, „wünsch ich euch allen einen guten Appetit."

Er beschloss, Sören großzügig einen Gefallen zu tun, die Bürde des Schlachtschüsseltermins von ihm zu nehmen und am Freitag einfach als Überraschungsgast dort zu erscheinen. Spöttische Bemerkungen von Lothar würde er schon entsprechend parieren. Wie Kerstin Weiß dann reagieren würde, war ihm nicht klar. Sie hatte schon seit Wochen wieder ihre kratzbürstige Phase. Auch jetzt wirkte sie angespannt und reserviert.

Lothar hatte mit Joe eine Fachsimpelei über den Genuss von Innereien begonnen, die er als Höhepunkt einer Schweinfurter Schlachtschüssel pries.

„Spätestens seit James Joyce, unserem irischen Nationaldichter, ist der Verzehr von Hammelnieren literarisch geadelt", erklärte er. „Im Ulysses wird ja ausführlich davon erzählt, wie Leopold Bloom auf seiner Odyssee durch Dublin sein Lieblingsgericht zu sich nimmt."

„Weiß ich doch", sagte Joe. „Ich hab den Schinken schließlich gelesen."

„Tatsächlich?" In Lothars Stimme schimmerte Zweifel durch. „Dann gehörst du zu einer exklusiven Minderheit. Aber um auf Innereien zurückzukommen …"

„Wie ist es denn in Würzburg gelaufen?", fragte Blacky Kerstin Weiß leise.

„Darf ich dir eigentlich nicht sagen." Sie zögerte. „Na ja, wie erwartet. Der Vorsitzende der Kommission, mein spezieller Freund Kaminski, hat natürlich bemängelt, dass ich ohne Warnruf geschossen habe. Ich hätte seiner Meinung nach auch ins Wasser springen und den Angreifer dort unschädlich machen können."*

„Einen durchtrainierten Fremdenlegionär mit Nahkampfausbildung? Das hätte ja nicht einmal ich geschafft."

„Na, keine falsche Bescheidenheit, Sportsfreund."

Ihre Ironie war unüberhörbar. Er ärgerte sich über seinen dummen Satz.

„Und jetzt?"

„Nichts. Die Sache wird zu den Akten gelegt. Und ich muss damit leben, zum ersten Mal einen Menschen erschossen zu haben."

„Er war ein Killer", sagte Blacky.

„Ja. Aber ich weiß nicht, ob das etwas ändert."

Irgendwann musste er sie fragen, was sie damit meinte. Aber nicht jetzt. Nicht an diesem Ort.

Joe kehrte hinter seinen Tresen zurück. Lothar wandte sich zu Kerstin Weiß.

„Was macht eigentlich euer Sorgenkind?"

„Sorgenkind?"

„Na, der Doppelmord beim Icedom. Kommt ihr da irgendwie vorwärts?"

„Ich kann hier nicht einfach über dienstliche Dinge plaudern", sagte Kerstin Weiß. „Aber okay, nur so viel: Es ist sehr kompliziert. Wir treten auf der Stelle. Mehr will ich nicht sagen."

„Linda Morata hat eine ganz eigene Theorie dazu."

„Wer ist Linda Morata?"

---

* Bezieht sich auf das Ende von „Herbstzeitlosen"
(Schweinfurter Kriminalroman 6)

„Die Profilerin aus meinen Krimis. Sie ermittelt in Schweinfurt."

„Ah ja." Kerstin Weiß schien amüsiert. „Romanfiguren haben also eigene Theorien?"

„Aber natürlich." Lothar meinte das offenbar völlig ernst. „Das ist ja das Elend. Romanfiguren führen ein Eigenleben. Sie sind in gewisser Weise selbständig. Dadurch durchkreuzen sie andauernd die Pläne des Autors. Und deshalb läuft eine Geschichte manchmal völlig aus dem Ruder. Linda Morata und ich sind oft nicht einer Meinung."

„Und was denkt Linda Morata über den Doppelmord am Icedom?"

„Dass es kein Familiendrama war. Es steckt eher etwas Politisches dahinter."

„Interessant."

„Nicht wahr?" Lothar nahm genießerisch langsam einen Schluck von seinem Cappuccino. „Linda Morata behauptet, die Kriminaloberkommissarin Weiß wüsste das mittlerweile auch. Es sei ihr kürzlich in Dubai klargeworden."

„Okay, Schluss mit der Komödie." Kerstin Weiß' graue Augen hatten sich verengt, wie immer, wenn ihre Stimmung umschlug. „Woher weißt du von Dubai?"

„Ach", sagte Lothar mit Unschuldsmiene, „wir in Ballyluffininish leben zwar am Ende der Welt, aber nicht hinter dem Mond."

„Das ist keine Antwort."

„Ich habe ihm nichts gesagt", warf Blacky vorsichtshalber ein.

„Na ja", sagte Lothar, „ich habe neulich mit einem Polizeioffizier aus Dubai Golf gespielt."

„In eurem Nest? Das glaubst du doch selbst nicht."

„Nein, nein, im K-Club bei Dublin. Wir waren zufällig im selben Flight und sind im Lauf der Runde auf Schweinfurt zu sprechen gekommen. Zu meiner Verblüffung kannte Mister Zayed die Stadt und eine Kriminaloberkommissarin namens Weiß."

„Mister Zayed", stöhnte Kerstin Weiß. „Die Welt ist verdammt klein."

Blacky sah Kerstin Weiß misstrauisch an. Sie war vor einigen Wochen nach ihrer Rückkehr von Dubai sehr verschlossen gewesen und hatte nur ein paar rätselhafte Andeutungen gemacht.*

„Und was hat dir Mister Zayed so alles erzählt?", fragte sie.

„Nichts weiter. Nur dass ihr mit euren Ermittlungen gewaltig auf dem Holzweg wart und euch jetzt hoffentlich die Augen aufgegangen sind. Sind sie das?"

„Kein Kommentar", sagte Kerstin Weiß. „Themenwechsel. Was macht eigentlich die Stalkerin?"

*

Er sah es völlig illusionslos. Es würde böse enden, wenn er nicht handelte. Nach stundenlangem Brüten blieb letztlich nur die eine Möglichkeit. Er musste Franco Maureso ausschalten. Endgültig. Definitiv. Absolut.

Silvio Sforza hatte andere Manöver erwogen. Komplizierte Manöver. Verwinkelte Schachzüge. Der Erpressung mit Gegenerpressung antworten. Eine undurchsichtige Drohkulisse aufbauen. Doch er hatte alles wieder verworfen. Der Italiener würde so nicht ruhigzustellen sein. Die Angst vor dem Gefängnis machte ihn zu einer tickenden Zeitbombe. Er war zwar gerissen, aber auch impulsiv. Und das konn-

---

* Siehe „Herbstzeitlosen" (Schweinfurter Kriminalroman 6)

te bedeuten: Wenn ihm das Wasser bis zum Hals stand und er keine Chance mehr sah, der Strafhaft zu entkommen, würde er durchdrehen. Und wenn er dann seine Drohung wahrmachte und auspackte, war es um sie geschehen. Dann würde die Anwaltskanzlei *Grob & Sforza* untergehen. Die Vergangenheit würde sie beide einholen, Dinge würden ans Licht kommen, die tief in den Katakomben des Unrechts eigentlich auf ihre juristische Verjährung und das endgültige Vergessen warteten.

Silvio Sforza hatte keine Ahnung, woher Franco Maureso das alles wusste. Aber seine Andeutungen waren präzise genug gewesen: Er hatte Informationen, die ausreichen würden, einen Tsunami auszulösen. Natürlich musste man bei einem Mann wie ihm immer damit rechnen, dass er nur pokerte. Doch die Karten, die er jetzt schon gezeigt hatte, waren giftig und gefährlich. Bei dem, was er da offensichtlich auf der Hand hatte, wäre es saudumm, dagegenzuhalten und ebenfalls zu pokern. Es war unbedingt nötig, sich anderer Mittel zu bedienen.

Ihn juristisch herauszuhauen und vor dem Gefängnis zu bewahren, war aussichtslos. Die Revision würde einige Monate Zeitaufschub bringen, aber vom Bundesgerichtshof abgeschmettert werden. Währenddessen würde Franco Maureso wie ein Irrwisch herumhüpfen und seinem Temperament freien Lauf lassen. Das Urteil des Landgerichts wegen Steuerhinterziehung in besonders schwerem Fall war unverhältnismäßig hart ausgefallen, aber in sich nicht plausibel anfechtbar. Der Oberstaatsanwalt und die Strafkammer hatten eben diesmal die Gelegenheit genutzt, dem Paten von Schweinfurt endlich eins auszuwischen. Jahrelang hatte ihn die Justiz trotz mehrerer Versuche nicht drangekriegt, von unbedeutenden Delikten wie Körperverletzung, Nötigung und Trunkenheit im Verkehr abgesehen. Aber wie so viele andere Mäuse mit ihren vielen Mäusen war auch Maureso schließlich in die Schweizer Käsefalle getappt, hatte arrogant eine Selbstanzeige abgelehnt und sich damit von Anfang an ins Aus geschossen. Die vom Ermittlungsrichter angeordnete Untersuchungshaft konnte Sforza unter Hinweis auf jede Menge gleichgelagerter Fälle abwenden, doch der Prozess selbst war dann eine einzige Exekution. Zwar war die hinterzogene Summe an Steuern im Vergleich eher niedrig, aber der Stolz des Süditalieners, der keine Reue, Zerknirschung und Kooperation kannte, ließ das Verfahren eskalieren. Ohnmächtig sah Silvio Sforza zu, wie sich sein Mandant selbst starrköpfig zugrunde richtete und die Quittung dafür erhielt. Am Ende stand ein Urteil, das den Paten vor Wut schäumen ließ und unversehens für Silvio Sforza und seinen Partner Eugen Grob zur Bedrohung wurde.

Scheißkerl, dachte der Rechtsanwalt und knallte die Faust auf den Schreibtisch. Die Schweinfurter pilgerten in seine bescheuerte Pizzeria am Rande der Innenstadt, weil die Mafiatorten dort angeblich besonders knusprig aus dem Holzofen kamen. Und weil „der Franco" auch mal einen Grappa ausgab – der in Wahrheit der billigste Fusel war, den man sich vorstellen konnte. Sie hatten keine Ahnung von seiner Position in der Hierarchie der 'Ndrangheta, keine Ahnung von seinen schmutzigen Geschäften, den Weibergeschichten und seiner eiskalten Brutalität.

Das Telefon klingelte.

„Herr Maureso möchte Sie sprechen", sagte die Sekretärin.

„Stellen Sie ihn durch", antwortete Sforza unwirsch.

„Ich hab eine Idee", bellte der Pate durch den Hörer. „Ich will ein neues Gesicht."

„Wie bitte?"

„Ein neues Gesicht. Und Sie helfen mir dabei, eins zu kriegen."

„Ich verstehe gar nichts."

„Ich werde es Ihnen schon erklären. Kann ich vorbeikommen?"

„Wenn's sein muss", sagte Silvio Sforza. „Aber bringen Sie mal wieder eine Packung Scheine mit."

*

„Ja, die Stalkerin", sagte Blacky. „Das nimmt bizarre Züge an."

Er wollte gerade von der Stoffkatze und der neuerlichen Drohung erzählen, als Kerstin Weiß zur Eingangstür starrte und „Auch das noch" murmelte. Martha Grimm hatte *Viva Porcellino* betreten und steuerte direkt auf sie zu.

„Oh, da kommt deine Oma", sagte Blacky überflüssigerweise. Er wusste schließlich, wie gereizt Kerstin Weiß reagieren konnte, wenn Martha Grimm auf der Bildfläche erschien. Seit sie das Altenheim in Aschaffenburg verlassen und nach Schweinfurt in die Seniorenresidenz *Goldener Herbst* gezogen war, um in der Nähe ihrer Enkelin zu leben, hatte sich das Verhältnis zwischen den beiden zugespitzt.[*] Martha Grimm, ehemalige Kriminalbeamtin bei der Mordkommission in Frankfurt am Main, seit mehr als zwanzig Jahren pensioniert, hatte sich nie mit dem Ruhestand abfinden können und beharrte darauf, weiterhin Polizistin zu sein. Inzwischen hatte sie sich in der Schweinfurter Polizeikantine einen festen Platz erobert, kannte jeden Beamten mit Namen, umgarnte den Leiter der Polizeidirektion mit

---

[*] Siehe „Herbstzeitlosen" (Schweinfurter Kriminalroman 6)

ihrem Charme und versuchte ihrer Enkelin ins Handwerk zu pfuschen, wo es nur ging. Kerstin Weiß klagte Blacky andauernd ihr Leid über den Dauerkonflikt, in dem sie sich befand. Einerseits wollte sie sich schon um ihre Großmutter kümmern, andererseits fühlte sie sich gezwungen, sie auf Abstand zu halten. Martha Grimm selbst zeigte sich völlig unbeeindruckt davon, spazierte mit dem ihr eigenen Sturkopf durch ihren Lebensabend, ging den Bewohnern der Seniorenresidenz auf die Nerven und tauchte immer dann auf, wenn man sie nicht erwartete.

„Hallo zusammen", rief sie und klopfte auf den Tisch. Alle ihre Fältchen im Gesicht schienen zu strahlen.

„Was machst du denn hier?", fragte Kerstin Weiß. Sie gab sich keine Mühe, zu verbergen, wie ungehalten sie war.

„Ich bin mit dir verabredet, Liebes", sagte Martha Grimm. „Das hast du doch nicht etwa vergessen?"

„Doch, habe ich. Aber jetzt fällt's mir wieder ein. Willst du Kaffee?"

„Aber natürlich. Der Kaffee hier ist göttlich. Ich komme jeden Nachmittag für ein Tässchen. Du musst dich nicht bemühen. Meister Joe weiß, was ich brauche."

Der Barista hatte bereits die Faema E 61 in Gang gesetzt. Sie ratterte und zischte und verbreitete ein betörendes Aroma. Martha Grimm sah fröhlich in die Runde.

„Schön, Sie mal wieder zu sehen, Blacky", sagte sie. „Und wer ist das unbekannte Gesicht, wenn ich fragen darf?"

„Mein Freund Lothar. Überraschungsbesuch aus Irland."

„Interessant", sagte Martha Grimm. „Dann sind Sie wahrscheinlich nicht in der kriminalistischen Branche tätig?"

„Eigentlich schon", antwortete Lothar. „Ich schreibe Kriminalromane."

„Donnerwetter. Und die spielen in Irland?"

„Ich schreibe sie in Irland. Aber der Ort der Handlung ist Schweinfurt."

„Ah ja", sagte Martha Grimm. „Ich kenne nur die anderen Schweinfurt-Krimis. Ich meine die, die in jeder Buchhandlung herumstehen."

Lothar verzog das Gesicht. „Die nehme ich nicht zur Kenntnis."

„Nun gut", meinte Martha Grimm vergnügt, „dann sind wir ja eine Runde von Kriminalisten. Wollen wir nicht ein wenig fachsimpeln? Über den Doppelmord am Icedom vielleicht? Ich habe darüber nachgedacht und ..."

„Oma", unterbrach Kerstin Weiß, „wir werden jetzt ganz bestimmt nicht fachsimpeln und schon gar nicht über meine Fälle. Aber vielleicht interessiert dich ja, was Blacky gerade so erlebt. Er wollte es uns eben erzählen."

Sie nickte Blacky auffordernd zu. Er berichtete von der Plüschkatze mit dem Zettel um den Hals und reichte das Blatt Papier herum, das er am Abend aus dem Umschlag gezogen hatte. Die Fotos erwähnte er nicht. Martha Grimm holte ihre Lesebrille hervor, setzte sie umständlich auf und schien den Text Buchstaben für Buchstaben unter die Lupe zu nehmen.

„Bist mit dem sie du gemeint?", fragte sie schließlich ihre Enkelin.

„Vielleicht."

„Natürlich", sagte Blacky.

„Wer denn sonst", sagte Lothar.

Martha Grimm wandte sich an Blacky.

„Haben Sie einen Verdacht, wer dahinterstecken könnte?"

„Nicht den kleinsten."

„Mit geringer Wahrscheinlichkeit ist es ein harmloser Scherz, der sich von selbst erledigt", erklärte Martha Grimm, ganz in ihrem Element. „Vermutlich handelt es sich aber um eine Psychopathin, von der wir nicht wissen, wie gefährlich sie ist. Sie sollten die Sache also nicht auf die leichte Schulter nehmen."

„Was kann ich denn schon tun?", fragte Blacky. Er sah das Grinsen ins Kerstin Weiß' Gesicht.

„Ich werde mich darum kümmern", sagte Martha Grimm. „So etwas gehört zwar nicht in mein eigentliches Fachgebiet, aber ich habe ja Zeit. Natürlich werde ich Ihr Umfeld analysieren müssen. Es wäre also schön, wenn Sie mir bald für eine Reihe von Fragen zur Verfügung stehen könnten. Und dann werde ich mich auf die Lauer legen."

„Wie bitte?"

„Nun, es ist ja klar, dass diese Person Sie beobachtet, sich in Ihrer Nähe herumtreibt. Sie wird wahrscheinlich weitere Drohbotschaften übermitteln. Es wird wohl gar nicht so schwer sein, ihr auf die Schliche zu kommen, sie zu identifizieren und dingfest zu machen."

„Ich weiß nicht so recht", sagte Blacky. „Das klingt nach einer unendlichen Mühe. Und bei Ihrem Alter …"

„Junger Mann!" Martha Grimm erhob die Stimme zu einem strengen Ton. „So etwas will ich überhaupt nicht hören. Alter? Papperlapapp! Für mich gibt es nur eines: Einmal Polizistin, immer Polizistin."

Blacky schaute Kerstin Weiß fragend an. Sie nickte heftig und zwinkerte ihm dabei verschwörerisch zu. Lothars Miene sprach ebenfalls Bände.

„Na gut", sagte er. „Frau Grimm, übernehmen Sie."

„Wunderbar", erwiderte Martha Grimm. „Wunderbar."

4

Zerbrochene Scheiben, zertrümmerte Stühle, am Boden zerschellte Gläser – eine Orgie der Zerstörung in nur einer Nacht, die es so bisher noch nie gegeben hatte. Getroffen hatte es Dutzende von Gaststätten, Restaurants, Bars und Nightclubs in der Stadt Schweinfurt und im umliegenden Landkreis. Alle Eigentümer und Pächter wussten, was es zu bedeuten hatte, und keiner erstattete Anzeige. Trotzdem erfuhr man natürlich auch in der Polizeidirektion davon, den Beamten war klar, wer dahintersteckte, aber niemand rührte einen Finger. Es gab nun einmal eine Welt jenseits der allgemeinen Ordnung, in die man sich für gewöhnlich nicht einmischte. Eine Welt mit eigenen Gesetzen, Regeln, Sanktionen und Gefahren. Eine Welt des Schweigens und des Todes.

Der Polizeidirektor unterrichtete nur den Leitenden Oberstaatsanwalt und die Polizeipräsidentin in Würzburg. Man war sich ohne große Worte einig: Wo kein Kläger, da kein Ermittler und schon gar kein Richter.

Der Oberstaatsanwalt sagte nur: „Es war ja zu erwarten, dass er nach dem Urteil ausrastet. Was das zu bedeuten hat, weiß ich allerdings auch nicht."

Und die Polizeipräsidentin meinte: „Das sollen die untereinander regeln. Ich schicke eine kurze Meldung ans BKA."

Auch Phan Minh Trung sah am Morgen mit mürrischem Gesicht zu, wie seine Frau Huong die Scherben auf dem

Fußboden des *Happy Wok* zusammenkehrte. Gemessen an dem Problem, das er seit gestern hatte, empfand er die eingeschlagene Schaufensterscheibe als ziemlich unbedeutend. Sein Leben war urplötzlich aus den Fugen geraten, die Vergangenheit hatte ihn eingeholt, das Verhängnis war über ihn hereingebrochen. Die Dinge würden nun sowieso ihren Lauf nehmen, und er fragte sich, ob Huong etwas ahnte. Sie hatte ihn natürlich darüber auszuquetschen versucht, was der erste Besucher am gestrigen Nachmittag gewollt hatte, doch er hatte nur den Kopf geschüttelt, jede Antwort verweigert und es deswegen sogar zum Streit kommen lassen. Huong konnte sehr laut, keifig und gemein werden, wenn sie ihren Willen nicht bekam. Mitten in ihrer Auseinandersetzung war dann der zweite Besucher aufgetaucht. Bei ihm hatte Huong alles mitbekommen.

Kurz und bündig hatte der Italiener erklärt, es sei eine Extrazahlung fällig. Eine große Extrazahlung allerdings. Nämlich die fünffache Jahresgebühr. Zahlbar innerhalb einer Woche. Sieben Tage, nicht länger.

„Aber ich bereits bezahlt dies Jahr", hatte Trung gestammelt. Er stand noch so unter Schock über den Befehl, den ihm der Kommandant erteilt hatte, dass er erst gar nicht begriff, was der Italiener von ihm wollte.

„Extrazahlung", wiederholte der Mann mit den schwarzen Locken. „Eine Woche. Wenn nicht ..." Er machte eine vage Handbewegung, die eher Bedauern als Drohung auszudrücken schien.

Huong hatte das Ganze schneller verstanden als ihr Mann.

„Wir nicht so viel Geld", sagte sie. „Unmöglich."

Der Italiener sah sie nur an und grinste.

Huong versuchte das, was sie schon als Kind gelernt hatte. Handeln.

„Okay, einmal extra", sagte sie und hielt einen Daumen hoch. „In ein Monat."

Der Mann mit den schwarzen Locken blieb unbeeindruckt.

„Fünf." Er streckte die fünf Finger der rechten Hand in die Höhe. „Sieben Tage. Ciao."

Er war ohne ein weiteres Wort gegangen.

Huong hatte wieder zu keifen begonnen, als sie merkte, dass die Sache ihren Mann gar nicht weiter interessierte. Er brütete in Gedanken vor sich hin und schien unerreichbar.

„Das wird unser Ende sein", jammerte sie auf Vietnamesisch. „Was soll dann aus uns werden? Wir haben schon einmal alles verloren."

„Lass mich in Ruhe", murmelte Trung. „Ich muss nachdenken."

„Hoffentlich denkst du über das Richtige nach."

Als Huong begriffen hatte, dass sie aus ihrem Mann nichts herausbekommen würde, hatte sie sich nach Ladenschluss auf den Weg zum großen Onkel gemacht. Denn sie spürte, dass etwas Böses urplötzlich wie eine schwarze Monsunwolke über ihnen aufgezogen war und Trung völlig außer Fassung gebracht hatte. Der große Onkel hatte sich alles angehört, sich den Mann mit dem grauen Bürstenhaarschnitt eingehend beschreiben lassen, eine Weile vor sich hingeschwiegen und dann gesagt: „Die alte Schlange ist erwacht. Die Vergangenheit ist nicht vergangen. Es wird wieder Blut fließen."

Er hatte der staunenden Huong das mitgeteilt, was seiner Ansicht nach klug und ratsam erschien, und sie mit den

Worten nach Hause geschickt: „Du musst jetzt stark sein. Es wird geschehen, was geschehen muss. Geh, bete zu den Ahnen, mehr kannst du nicht tun. Es steht uns nicht zu, in den vorhergesehenen Lauf der Dinge einzugreifen."

Das sah Huong allerdings anders. Sie betete zwar zuhause vor dem Ahnenaltar, aber in der Nacht lag sie wach und strickte an ihrem Plan, den sie am Abend zu entwickeln begonnen hatte. In ihrem ausgeprägten Eigensinn war sie entschlossen, sich das zäh erarbeitete Leben hier in Schweinfurt nicht zerstören zu lassen, nur weil die Geschichte Vietnams plötzlich an die Tür pochte.

Als sie am Morgen zum *Happy Wok* kam und das große Loch in der Schaufensterscheibe sah, wusste sie natürlich sofort, was es zu bedeuten hatte. Ein kleines Warnzeichen auf italienische Art, dem in den nächsten Tagen weitere folgen würden. So lange, bis die Wochenfrist abgelaufen war. Davor hatte sie aber keine Angst mehr, der große Onkel hatte ihr in dieser Sache Hilfe zugesagt. Während sie die Scherben und Splitter zusammenfegte, betrachtete sie ihren Mann aus den Augenwinkeln. Sie hatte ihn immer für einen biederen, etwas naiven Weichling gehalten, der geschickt Gemüse schneiden konnte und mittelmäßig kochte. Nun sah sie ihn mit neuen Augen. Sie verspürte jetzt sogar so etwas wie Ehrfurcht und Bewunderung. Aber das würde sie nicht davon abhalten, ihm in die Suppe zu spucken. Das war nach der schlaflosen Nacht zu einem festen Entschluss geworden.

Wenig später kam Martha Grimm auf ihrem vormittäglichen Spaziergang durch die Lange Zehntstraße. Verwundert blieb sie stehen und betrachtete das Loch in der Scheibe, das den Schriftzug China-Imbiss zerstört hatte. Hier also auch. Sie hatte Ähnliches gerade bei einem Döner-Laden in der Nähe des Zeughauses und bei einer Bar am Rossmarkt gesehen. Zufälliger Vandalismus oder mehr? Sie überlegte, ob das in Zusammenhang mit dem stehen mochte, was sie gestern beobachtet hatte: den Kniefall des vietnamesischen Kochs vor dem Mann mit dem Bürstenhaarschnitt. Vielleicht. Vielleicht auch nicht. Sie entschied sich, entgegen ihrer Gewohnheit heute gleich wieder hier zu Mittag zu essen und Augen und Ohren offenzuhalten.

Jetzt aber hatte sie erst einmal anderes zu tun. Sie musste diskret Blackys persönliche Verhältnisse kennenlernen und die Hintergründe seines Lebens etwas ausleuchten. Dazu hatte sie sich mit jemand verabredet, der ihn wohl recht gut kannte und den sie sowieso in ihr großmütterliches Herz geschlossen hatte: Sören Eckenstade.

★

Diesmal war die Botschaft unter dem Scheibenwischer festgeklemmt. Blacky fand sie, als er nach der Redaktionskonferenz Main-Radio verlassen hatte und über den Parkplatz zu seiner Fiat Barchetta gegangen war. Ein zusammengefaltetes Blatt Papier, gedruckte Zeilen:

Du warst mit ihr Kaffee trinken. Ich habe dich gewarnt. Glaubst du, ich weiß nicht, was du tust? Da irrst du dich gewaltig! Ich sehe alles. ALLES! Da du nicht hören willst, musst du fühlen. Erst eins, dann zwei, dann drei, dann vier. Ich liebe dich trotzdem ...

Er blickte sich um. Niemand weit und breit. Dann sah er es. Der linke hintere Reifen war platt, der Gummi an einer Stelle der Außenseite regelrecht zerfetzt. Wahrscheinlich war mit einem großen Schraubenzieher oder Ähnlichem hantiert worden. Blacky stieß einen wütenden Schrei aus und trat gegen den Reifen. Fluchend holte er Wagenheber und Notrad aus dem Kofferraum und machte sich daran, das Rad zu wechseln. Er nahm die Radkappe ab, löste die Muttern und ging dann auf die Knie, um den Wagenheber anzusetzen.

„Was is'n hier passiert?"

Genervt fuhr Blacky herum. Hinter ihm stand Sören und sah interessiert zu ihm herunter.

„Siehst du doch."

„Kann ich helfen?"

„Schaff ich schon allein."

Blacky wuchtete das Auto hoch, drehte die Muttern ganz heraus, zog die Schrauben ab, löste das Rad und warf es auf den Boden. Sören begutachtete es fachmännisch.

„Üble Sache", sagte er. „Das hat jemand vorsätzlich gemacht."

„Stimmt."

„Und wer?"

„Weiß ich doch nicht." Blacky begann das Notrad zu montieren.

„Ich hatte auch schon mal 'nen Platten", sagte Sören.

„Du hast doch gar kein Auto, Fischkopf."

„An meinem Fahrrad. Is aber schon lange her."

„Hochinteressant", murmelte Blacky und senkte den Wagenheber ab. „So, fertig."

„Ja, dann will ich mal", sagte Sören. „Mittagspause."

„Ach, übrigens …" Blacky setzte ein gewinnendes Lächeln auf. „Ich wollt' dir noch was sagen. Wenn du willst, kann ich die Schlachtschüssel am Freitag übernehmen."

„Wieso auf einmal?" Auf Sörens Gesicht erschien Misstrauen.

„Ach, ein Freund von mir ist auch eingeladen. Hab ich

aber jetzt erst erfahren. Und da bietet es sich an ... Du hast doch sowieso keine Lust dazu."

„Na ja", sagte Sören, „ich hab mich inzwischen ein wenig schlaugemacht. Das ist ja eine bedeutende Angelegenheit. Und die Gästeliste ist illuster. Es steht sogar ein Minister aus Vietnam drauf."

„Und was willst du mir damit sagen?"

„Dass ich vielleicht doch lieber selber hingehe. Wegen meiner Karriere und so. Außerdem esse ich ab und zu schon gerne ein saftiges Stück Schweinefleisch."

„Okay", sagte Blacky, „dann muss ich das über eine dienstliche Anordnung regeln."

„Kannst du ja gar nicht."

„O doch."

„Nö. Ich bin kein Praktikant mehr. In meinem Ausbildungsvertrag als Volontär steht, dass mir nur der Redaktionsleiter Olaf Röder Anweisungen erteilen kann. Oder, wenn er verhindert ist, Patricia als seine Stellvertreterin. Also wende dich an sie."

Damit ließ er Blacky stehen, ging zu seinem Fahrrad, stieg auf und brauste davon. Blacky ballte einen Moment lang die Fäuste.

So weit war es also gekommen. Nun trampelte ihm also schon ein Volontär auf dem Kopf herum. Ihm, dem Morning Man, dem König des Radios, der das Privileg hatte, mit sanfter Stimme die Stadt zu wecken und in einen neuen Tag zu führen. Aber er war eben nur ein Moderator, der seine Stimme verkaufte – für halbwegs gutes Geld zwar –, doch abhängig von der Gunst seines Auftraggebers. Gefesselt an einen kleinen Sender in einer kleinen Stadt. Weit weg von seinen Träumen, die er einst gehabt hatte. Erst gestern Abend hatte er beim Essen mit Lothar im El Sombrero sich wieder einmal den unbarmherzigen Fragen seines Freundes stellen müssen.

„Wie lange willst du das eigentlich noch machen?"
„Was denn?"
„In diesem Nest den Radioclown spielen."
„Keine Ahnung. Vielleicht für immer."
„Und wann willst du frei sein?"
„Frei? Was soll das sein?"
„Wenn du das nicht weißt, tust du mir leid."
„Bist du frei?"
„Ja", hatte Lothar gesagt. „Denn ich tue, was ich will."

Ob er das wirklich tat? Ja, wahrscheinlich schon. Allerdings in Ballyluffininish am Ende der Welt. Im vergangenen Sommer war Blacky dort gewesen.* Nichts als Landschaft mit Heide und Moor, Ginster und Moos, Gestrüpp und Steinen. Und Schafen. Alles endete am Meer. Erst noch Strand und Klippen, dann nur noch Wasser. Beängstigend unendlich. Er erinnerte sich, wie er dort über sein Leben nachgedacht hatte. Darüber, dass er morgens um halb vier aufstand, todmüde Kaffee kochte, dann durch eine schlafende Stadt fuhr, um sich hinter ein Mikrofon zu setzen. Wo er stundenlang Menschen unterhielt, die er nicht kannte, mit seichter Musik und coolen Sprüchen. Um dann eine Redaktionskonferenz mit weltbewegend nichtigen Themen abzusitzen, in der jeder seinen schalen Senf dazugab. Der Rest des Tages gepflegter Schlendrian: ein bisschen shoppen, einen Cappuccino bei Joe. Kurze Abende in seinem Penthouse hoch über Schweinfurt, Blicke über die Dächer hinweg auf die begrenzte Weite. Lichter der Kleinstadt. Ihm war klargeworden, dass er so eigentlich nicht leben wollte;

---

* Siehe „Totengräberspuk" (Schweinfurter Kriminalroman 5)

und ihm war klargeworden, dass er so wie Lothar in der Einsamkeit der irischen Westküste auch nicht leben könnte. Wie dann? Sobald man Fragen stellte, wurde das Leben kompliziert.

Er nahm das Handy aus der Tasche und rief Kerstin Weiß an.

„Wir müssen reden", sagte er. „Unter vier Augen. Der Spaß hört allmählich auf, lustig zu sein."

*

„Er meint es ernst." Silvio Sforza putzte mit einem kleinen weißen Tuch ausdauernd die Gläser der Goldrandbrille. „Er will ein neues Gesicht."

„So ein Blödsinn."

Eugen Grob saß hinter seinem Schreibtisch, vor sich eine dicke rote Unterschriftenmappe. Routiniert zeichnete er Blatt für Blatt ab, ohne seinen Partner eines Blickes zu würdigen.

„Warum kommst du überhaupt noch einmal damit? Ich hab dir gesagt, du sollst das Problem erledigen und mich damit in Ruhe lassen."

„Schon klar", meinte Sforza. „Aber vielleicht wäre das ja eine elegante Lösung. Du müsstest doch nur den Kontakt herstellen."

„Ich denk nicht dran."

Silvio Sforza hielt die Brille gegen das Licht. Dann setzte er sie auf und steckte das Tuch weg.

„Und warum?"

„Weil ich nicht verrückt bin. Ich verhelfe doch diesem Mafioso nicht zur Flucht. Stell dir vor, es käme heraus. Ich wäre erledigt."

„Stell dir vor, er lässt uns auffliegen. Wir wären erledigt."

Der Bundestagsabgeordnete Dr. Eugen Grob gab einen Ton von sich, der Silvio Sforza an das Knurren eines Raubtiers erinnerte. So klang es, wenn während einer Jagdsafari in Afrika des Nachts eine Hyäne ums Zelt schlich.

„Was weiß er denn wirklich?", fragte Grob.

„Keine Ahnung. Wahrscheinlich mehr, als uns lieb sein kann. Ich hab dir immer gesagt, dass das mit der kleinen Gabrieli noch nicht ausgestanden ist."

„Was hab ich damit zu tun? Das geht auf Salems Konto."

„So leicht kannst du es dir nicht machen, Verehrtester. Das ist doch exakt der Punkt. Maureso hat euch beide im Visier. Er weiß genau, was er tut."

„Ach, und du? Du bist da völlig raus oder was?"

„Nun ja", sagte Sforza. „Salem ist dein Freund."

Eugen Grob schnellte vom Schreibtischsessel hoch. Sforza machte sich auf einen Vulkanausbruch gefasst. Aber sein Kompagnon verschränkte nur die Hände hinter dem Rücken und wanderte wie ein Löwe im Käfig in seinem Büro auf und ab.

„Wie stellt er sich das Ganze denn vor?", fragte er schließlich.

„Du sollst ihm den Kontakt zu Doktor Salem herstellen. Der soll ihm mit seinen geschickten Fingern ein neues Gesicht zaubern. Dann ein entsprechender Pass und schwupps Abflug in die Karibik oder sonst wohin. Der alte Maureso ist damit von der Bildfläche verschwunden, ein neuer und etwas verjüngter Mensch fängt ein zweites Leben an. So hat es sich der gute Franco ausgedacht."

„Und das soll funktionieren?"

„Keine Ahnung. Vielleicht. Ist ja nicht unsere Sache. Du

weißt sowieso von nichts, und Salem geht eigentlich auch kein Risiko ein. Eine Schönheitsoperation ist schließlich nicht verboten."

„Ich weiß nicht", sagte Eugen Grob. „Das ist 'ne heiße Kiste."

„Seit wann hast du Skrupel?"

„Ich habe keine Skrupel. Ich habe Schiss, dass uns der Spaghettifresser linkt. Wir gehören nicht zu seiner Familie. Du weißt, was ich meine."

„Gut. Dann also die Alternative."

„Welche Alternative?"

„Ihn ausschalten. Endgültig, definitiv, absolut."

„Bist du wahnsinnig? Damit würden wir unser eigenes Grab schaufeln. Die würden uns in Säure auflösen und in Beton versenken."

„Schon klar", sagte Sforza. „Man müsste das halt um ein paar Ecken herum einfädeln."

„Nein!" Eugen Grob schüttelte so energisch den Kopf, dass sein gewaltiges Doppelkinn ins Beben geriet. „Viel zu gefährlich. Ich will doch nicht für den Rest meines Lebens Angst vor der Rache dieser Gangster haben müssen. Vergiss das einfach."

„Also was dann?"

„Ich sehe Julius Salem in den nächsten Tagen. Wir werden das besprechen."

„Fliegst du nach Dubai?"

„Er kommt nach Schweinfurt. Zur Schlachtschüssel. Sie bietet diesmal nämlich die Gelegenheit, neue Kontakte nach Asien zu knüpfen. Ich hab mir sagen lassen, die Schlitzaugen und ihre Frauen wollen jetzt europäisch ausschauen. So komisch ist die Welt, Silvio. Wir stehen auf Mandelaugen, und die Mädels dort möchten lieber Kulleraugen. Ist das nicht verrückt?"

★

Martha Grimm stellte ihre Tasche ab, umschlang ihn mit beiden Armen und drückte ihn an sich.

„Sören, mein Junge. Wie schön, dass du Zeit für mich hast."

„Aber klar doch."

Sören sah sich skeptisch um. Hier fühlte er sich nicht wohl, denn das war Blackys Revier. Der bärtige Mann hinter der Bar mit seinen aufdringlichen Tattoos war unübersehbar ganz Auge und Ohr. Er würde wahrscheinlich Blacky alles brühwarm erzählen. Außerdem hing auch noch Michel Hilfreich von der Tageszeitung an einem der Tische herum und tat so, als ob er nichts mitbekäme.

„Müssen wir uns unbedingt hier treffen?", fragte er.

„Warum denn nicht? Ich liebe diese Bar. Und der Kaffee ist göttlich."

„Es gibt auch noch andere Cafés."

„Ach, das sind so Schuppen für Hausfrauen und alte Omas. ‚Viva Porcellino' dagegen ist ein bisschen schräg, modern und am Puls der Zeit."

Martha Grimm gab Joe, dem Barista, mit der Hand ein Zeichen. Er nickte und machte sich an die Arbeit.

„Ich wusste gar nicht, dass Schweinfurt einen Puls hat", ätzte Sören. „Dachte bisher, die Stadt sei tot."

„Sören, Sören." Martha Grimm drohte ihm mit dem Zeigefinger. „Nun mach Schweinfurt aber nicht schlechter, als es wirklich ist. Inzwischen fühl' ich mich sogar ziemlich wohl hier."

„Ich nicht."

„Und woran liegt das?"

„An den Schweinfurtern."

„Ach, die sind doch eigentlich ganz nett."

„Nett? Das sind Sturköpfe. Maulfaule Sturköpfe. Ohne jeden Charme."

„Ich war mal in Ostfriesland in Urlaub", sagte Martha Grimm. „Wenn du weißt, was ich meine …"

„Weiß schon. Is aber ein Unterschied. Der Ostfriese ist stur und maulfaul, weil er über den Dingen steht. Er braucht nicht nachzugeben, weil er sowieso recht hat. Und er muss auch nicht schnacken, weil die andern ja wissen, dass er recht hat. Der Schweinfurter steht unter den Dingen. Er ist stur, weil er's nicht besser weiß. Und er bekommt den Mund nicht auf, weil er nichts zu sagen hat. So ist das."

Der Barista brachte zwei Tassen Cappuccino und beäugte Sören mit kritischem Blick.

„Hab ich dich hier scho' mal g'sehn?", fragte er.

„Nö. Ich verkehre hier normalerweise nicht."

„Brauchst auch nimmer mehr zu komm'. Und dein Kaffee kost' nix. Is für einen wie dich umsonst."

„Ich trinke ja eigentlich auch nur Tee."

„Man sieht's", sagte Joe und schlurfte hinter seine Bar zurück.

„Das", flüsterte Sören, „war der Beweis. So ist Schweinfurt."

Martha Grimm lächelte ein feines Lächeln.

„Vielleicht ist es ja eher so", meinte sie, „dass sich die Franken und die Ostfriesen zu ähnlich sind. Gegensätze ziehen sich bekanntlich an. Wenn man sich aber im andern selber sieht, kann man die Wahrheit nicht vertragen. Denk mal drüber nach, mein Junge."

„Wird auch nichts ändern. Schweinfurt selbst ist ja ganz okay. Wenn halt die Schweinfurter nicht wären."

„Hast du hier Freunde?"

„Freunde? Eigentlich nicht."

„Was ist mit Blacky?"

„Blacky?" Sören blies empört die Backen auf. „Ausgerechnet der? Na danke schön."

„Ich habe das Gefühl, er kann dich ganz gut leiden."

„Echt? Das verbirgt er aber total. Er ist doch permanent neidisch."

„Worauf denn neidisch?"

„Na ja, auf meine Erfolge als Detektiv. Er glaubt ja immer, er sei ein kleiner Sherlock Holmes. Was er aber nicht ist. Letztlich hat er gelegentliche Erfolge doch nur meiner Intuition und meinem Scharfsinn zu verdanken."

„Aha", schmunzelte Martha Grimm. „Sieht er das auch so?"

„Keine Ahnung. Was weiß ich denn, was Blacky so denkt. Das weiß wahrscheinlich nicht einmal die Weiß."

„Oho."

„Oh, Entschuldigung", sagte Sören. „Ich hatte vergessen, dass die Frau Kriminaloberkommissarin deine Enkelin ist."

„Macht nichts. Mir ist die komplizierte Verbindung zwischen den beiden durchaus bewusst. Zwei etwas schwierige Menschen … Aber vielleicht wird ja noch etwas daraus."

„Mir egal."

„Ich kann mir vorstellen, dass Blacky ziemlich viele Verehrerinnen hat", tastete sich Martha Grimm weiter vor.

„Verehrerinnen?"

„Ich meine, als Radiomoderator ist er doch recht prominent. Jeder kennt ihn. Und er hat eine tolle Stimme. Frauen fliegen auf so etwas. Er bekommt bestimmt Post von weiblichen Fans."

„Post?"

„Briefe. Ansichtskarten."

„Weiß ich nicht. Er kriegt jede Menge Mails. Da gibt er auch ständig mit an. Und natürlich treibt er sich auf Facebook rum. Da schreiben tausend Tussis andauernd irgendwelchen Quatsch."

„Tatsächlich? Schaust du dir das manchmal an?"

„Manchmal", gab Sören zu. „Obwohl es mich nicht die Bohne interessiert."

„Gibt es da eine Tussi, die auffällt? Die sich besonders an ihn ranmacht?"

„Keine Ahnung." Sören sah Martha Grimm erstaunt an. „Warum willst du das denn wissen?"

„Ach, wie soll ich das erklären?" Martha Grimm setzte eine verlegene Miene auf. „Es ist so ... Also, was ich dir jetzt sage, bleibt unter uns. Kann ich mich darauf verlassen?"

„Natürlich. Ich bin verschwiegen wie ein Butt."

„Das ist gut. Also, es ist so ... Kerstin, meine Enkelin, ist eifersüchtig. Sie glaubt, Blacky habe ein Techtelmechtel. Mit einer Hörerin, die ihm Avancen gemacht hat. Erst ist sie ihm ziemlich nachgestiegen, und dann hat er sich darauf eingelassen. Kerstin ist ganz schön durch den Wind."

„Das wäre ihm zuzutrauen", sagte Sören. „Zu so etwas ist er fähig."

„Wirklich? Als ihre Oma mache ich mir natürlich Sorgen. Aber ich bin immer für Klarheit. Deshalb ..."

„Sandra", sagte Sören. „Sie turtelt ununterbrochen auf Facebook mit ihm herum. Sie glaubt nämlich, er habe ihr in der Walpurgisnacht das Leben gerettet. Dabei bin ich das gewesen."

„Das Leben gerettet?"

„Eine lange Geschichte. Sandra und ihre Freundin sollten während des Hexentanzes auf dem Zabelstein geopfert werden. Mir ist es in letzter Sekunde gelungen, das zu verhindern und die beiden zu befreien."*

„Und wieso glaubt sie dann, Blacky habe sie gerettet?"

„Na ja, er war auch dabei", gab Sören zu. „Es ist seine Masche, Erfolge für sich einzuheimsen."

„Das alles musst du mir noch näher erzählen. Wo finde ich denn diese Sandra?"

„Warum willst du sie denn finden?"

„Ach, ein Gespräch von Frau zu Frau ..."

„Du sagst ihr aber nicht, dass ich dir was gesteckt habe?"

„Natürlich nicht."

„Okay. Sie hat hier einen Laden. Gleich um die Ecke. Ich kann ihn dir zeigen."

---

* Sören bezieht sich dabei auf die Ereignisse in „Walpurgisnacht" (Schweinfurter Kriminalroman 3)

5

„Ich habe nicht viel Zeit", sagte Kerstin Weiß als Begrüßung.

„Du hast nie viel Zeit", antwortete Blacky. „Vor allem in letzter Zeit."

„Dann wäre das ja geklärt. Was gibt's?"

Eine improvisierte Begegnung auf die Schnelle am Parkplatz bei den Wehranlagen.

„Ich bin dort in der Nähe", hatte die Kriminaloberkommissarin am Handy gesagt. „Komm vorbei, wenn's unbedingt sein muss, ich hab aber nur ein paar Minuten."

Der Springbrunnen war vor dem nahenden Winter bereits versiegt und verstummt. Das letzte Laub war gefallen, die Bäume standen kahl. Und auch Kerstin Weiß' Gesicht signalisierte unübersehbar herbstliche Kühle. Blacky fröstelte. Rasch berichtete er von dem zerstochenen Reifen und wollte ihr die neue Botschaft zeigen. Sie wehrte ab.

„Und damit behelligst du mich? Meine Güte, Christian, ich bin echt schwer im Stress. Erstatte Anzeige, dann kümmert sich ein Kollege drum. Oder beschäftige von mir aus meine Oma damit. Dann hat sie wenigstens ihren Spaß und lässt mich in Ruhe."

„Na gut", sagte Blacky. „Du weißt noch nicht alles. Soll ich das hier auch deiner Oma zeigen?"

Er nahm zwei Fotos aus seiner Umhängetasche und hielt sie Kerstin Weiß hin.

Sie warf einen kurzen Blick darauf. Er sah, wie sie leicht errötete.

„Na und?", sagte sie. „Das ist lange her."

„Hübsch", stichelte Blacky. „So habe ich dich leider viel zu selten gesehen."

„Halt die Klappe. Woher hast du sie?"

„Aus dem Umschlag, der in meinem Briefkasten lag. Wenn es tatsächlich eine Stalkerin gibt, kommen sie von ihr. Aber wer hat die Bilder wohl gemacht? Murat Demir, nehme ich an."

„Wahrscheinlich."

„Wahrscheinlich?"

„Wie gesagt, das ist lange her. Ich hatte es schon so gut wie vergessen."

„Aha."

„Was aha?"

„Nichts. Aber wenn die Fotos von diesem Arschloch Demir stammen, sieht die Geschichte plötzlich ganz anders aus. Vielleicht gibt es ja gar keine Stalkerin, sondern einen Stalker. Einen Stalker namens Murat, der mit mir ein übles Spielchen treiben will."

„Das ist ja völliger Quatsch. Außerdem ist Murat zur Zeit gar nicht hier. Er stellt Fotografien auf einem Kulturfestival in Abu Dhabi aus."

„Ach, tatsächlich", sagte Blacky. „Und das weißt du natürlich."

„Er schreibt mir ab und zu eine Mail. Ich habe ihn schon ewig nicht mehr gesehen."

„Ewig ist von Natur aus ein äußerst dehnbarer Begriff."

„Das kannst du sehen, wie du willst. Jedenfalls ist Murat Demir Vergangenheit."

„Und diese netten Bilder sind plötzlich Gegenwart. Wenn Demir nicht dahintersteckt – wovon ich noch nicht überzeugt bin –, stellt sich die Frage, wer wie in ihren Besitz gekommen ist. Und worauf das Ganze hinauslaufen soll."

In Blacky machten sich von einer Sekunde auf die andere Wut, Enttäuschung und Resignation breit. Die undurchschaubare Liaison zwischen Kerstin Weiß und dem Fotografen Murat Demir war monatelang ein Stachel in seinem Fleisch gewesen. Im Lauf des Sommers schien sich die Sache erledigt zu haben, aber gerade wurde ihm erneut klar, wie kapriziös, unstet und unberechenbar die flachsblonde Kriminaloberkommissarin immer sein konnte. Momente wie dieser waren nicht selten: Momente, in denen er des launenhaften Spiels einfach überdrüssig war. Und was genau war eigentlich mit diesem Mister Zayed aus Dubai, von dem Lothar gesprochen hatte?

Sie schien seinen Ärger zu bemerken. Schaute ihn mit ihren grauen Augen prüfend an. Versuchte es mit einem kleinmädchenhaften Lächeln. Er ging nicht darauf ein.

„Was ist eigentlich mit diesem Mister Zayed aus Dubai gewesen?", fragte er geradeheraus, um seinen Gefühlen Luft zu verschaffen. Eine plumpe Frage, für die er sich am liebsten sofort auf die Zunge gebissen hätte.

Ihr Lächeln verschwand wieder.

„Gar nichts", sagte sie. „Ein Kollege, mit dem ich ein paar dienstliche Gespräche geführt habe."

„Du hast bisher kaum etwas von Dubai erzählt."

„Weil es nichts zu erzählen gibt. Und schon gar nichts, was du anscheinend hören möchtest. Ich war dienstlich dort, habe Ermittlungen durchgeführt, die hauptsächlich aus mehr oder weniger ergiebigen Gesprächen bestanden haben. Dass ich dir darüber nichts sagen kann, wirst du verstehen. Das ist eine fremde Welt dort, mit anderen Gesetzen und Vorstellungen. Ich war einmal in einer Shopping-Mall, und das war's dann auch."

„Okay", sagte Blacky. „Und wie geht's jetzt weiter?"

„Gib mir diese Blätter und Zettel, mit denen du bombardiert wirst. Ich lasse sie kriminaltechnisch untersuchen. Es wird aber höchstwahrscheinlich nichts dabei herauskommen."

„Und die Fotos?"

„Tja", erwiderte Kerstin Weiß unschlüssig, „die Fotos ... Ich kann sie ja wohl schlecht auch den Kollegen zur Untersuchung geben. Das wäre mir denn doch zu peinlich. Wenn du willst, kannst du sie behalten."

„Echt?"

„Du musst sie dir ja nicht unbedingt an die Wand pinnen. So, und jetzt muss ich los. Wenn du willst, können wir uns heute Abend sehen. Ich hätte Zeit."

„Okay", sagte Blacky. „Das hört sich doch mal gut an."

∗

Im kleinen Laden in der Petersgasse roch es nach Räucherstäbchen und kunterbunter Esoterik. Ein Geruch, den Martha Grimm nicht ausstehen konnte. Solches Gedünst wollte subversiv die Klarheit des Geistes einnebeln. Und das war etwas, was sie auf keinen Fall zuließ.

Die Inhaberin des Ladens war weitgehend kongruent zu dem Warenangebot in den Regalen. Eine Frau um die vierzig, wallende rote Haare, gehüllt in einen langen schwarzen Kaftan mit bunten, orientalisch anmutenden Borten. Sie saß auf einer Ottomane und stickte.

Sören hatte sie zu dem Laden geführt und war dann davongeradelt.

„Sie heißt Sandra Gall", hatte er gesagt. „Jeder in Schweinfurt kennt sie. Sie ist ein ziemlich schräger Vogel, so 'ne Art weiblicher Guru. Eine Zeitlang war sie auch eine Hexe."

„Brauchst du Hilfe?", fragte Sandra Gall und stand auf.

„Ach, ich wollte mich eigentlich nur ein bisschen umsehen. Sie haben so viele interessante Sachen hier", flötete Martha Grimm im Süßholzraspelton.

„Ich hab das meiste rausgeschmissen. Früher hatte ich so ziemlich alles. Jetzt habe ich mich etwas mehr spezialisiert."

„Ah ja. Und worauf?"

Martha Grimm ließ ihren Blick über den Krimskrams aus aller Herren Länder wandern. Sandra Gall schien es zu bemerken.

„Na ja, ich führe schon noch alles querbeet. Meine Kundinnen wollen das halt so. Aber eigentlich habe ich mich selbst zur Schamanin entwickelt. Oder besser gesagt, zu einer schamanischen Druidin."

„Tatsächlich?"

„Ja, das ist jetzt das Ziel auf einem langen Weg, weißt du? Ein innerer Weg der Entwicklung und Erleuchtung. Begonnen hat er in Asien. Indien und der Himalaya und so. Das gehört halt dazu. Und dann habe ich den Tsunami überlebt, zweitausendundvier auf Phuket. Das hat mein Leben natürlich verändert. Ich hab danach alles mögliche ausprobiert, aber inzwischen weiß ich, wo das eigentliche Weltwissen zu finden ist. Dort, wo die Urkräfte der Natur schlummern."

Sandra Gall hatte nun einen Ausdruck gelebter Überzeugung im Gesicht. Martha Grimm bemühte sich um eine verklärte Miene.

„Ich bin beeindruckt", sagte sie.

„Und du?", fragte Sandra Gall. „Bist du neu in Schweinfurt? Ich hab dich noch nie hier gesehen."

„Ich bin erst kürzlich zugezogen. Bemerkenswert, was es in dieser Stadt so alles gibt."

„Nicht wahr? Schweinfurt ist auch eine Art Kraftort, aber das wissen die wenigsten. Und wonach ist dein innerer Kompass ausgerichtet, wenn ich so fragen darf?"

„Mein innerer Kompass?", sagte Martha Grimm überrumpelt. „Das ist eine gute Frage. Um ganz ehrlich zu sein, der pendelt immer noch hin und her. Je älter ich werde, umso mehr pendelt er."

„Wirklich? Ich dachte, ab einem gewissen Alter haben sich die Dinge geklärt und man hat einen Fixpunkt erreicht."

„Ich weiß nicht", sagte Martha Grimm. „Bei mir ist das nicht so. In letzter Zeit beschäftige ich mich wieder mehr mit Voodoo."

„Mit Voodoo? Das ist ja spannend. Da stand ich auch eine ganze Weile drauf. Und welche Richtung, wenn ich mal fragen darf?"

„Richtung? Äh … mehr so die allgemeine, würde ich sagen."

„Ah so." Sandra Gall schien etwas irritiert. „Und was interessiert dich daran?"

„Schadenszauber. In meinem Alter hat man es mehr mit dem Schadenszauber. Das mit dem Liebeszauber ist ja vorbei. Kennst du dich damit aus?"

„Schon. Aber ich praktiziere das eigentlich nicht mehr. Machst du so was auch in der Praxis?"

„Gelegentlich. In meiner Seniorenresidenz gibt es viele missgünstige Alte. Denen hex' ich schon mal was an."

„Echt? Das ist ja irre. Und wie machst du das?"

„Darüber spricht man doch nicht. Aber vielleicht verrate ich dir bei Gelegenheit eines meiner kleinen Geheimnisse. Ich komme bald mal wieder vorbei. Jetzt muss ich aber weiter."

Martha Grimm nickte der rothaarigen Druidin freundlich zu und verließ mit leichtem Schwindelgefühl den Laden. So viele improvisierte Lügen hatte sie schon lange nicht mehr vom Stapel gelassen. Aber es konnte sein, dass Sören sie tatsächlich auf eine Spur gesetzt hatte, die es weiterzuverfolgen galt.

In der Spitalstraße blieb sie erschöpft stehen und sah auf ihre Armbanduhr. Sie musste sich jetzt auch noch dem anderen Fall zuwenden. Es war Zeit für eine vietnamesische Nudelsuppe.

*

Er hatte letzten Endes nur wenige Stunden gebraucht, um sich wieder mühelos zurechtzufinden. Schweinfurt hatte sich in den dreißig Jahren verändert und war doch das Nest geblieben, das es immer gewesen war. Wie auf einer Pilgerfahrt hatte er die Stätten seiner Vergangenheit aufgesucht, um dort in einer Art Andacht zu verweilen. Überall hatte er auf seiner Mundharmonika gespielt. Leute hatten ihn angestarrt, aber er war in sich versunken gewesen. Er war vor dem Haus seiner Eltern gestanden und vor dem Josefskrankenhaus, wo er geboren worden war. Von dort war es nicht weit zum Celtis-Gymnasium, an dem er Abitur gemacht hatte. Auf dem Weg dorthin fiel ihm ein, dass er das Theater völlig vergessen hatte, das weiße Etwas neben dem kleinen Park. Er konnte sich an kein einziges Stück mehr erinnern, das er dort gesehen hatte. Vielleicht, weil sein Leben selbst ein Drama gewesen war, eine Oper, ein Kriminalstück und eine Tragödie.

Er war auch zu dem Gebäude gegangen, in dem sich früher seine Dienststelle befunden hatte. Sie war längst umgezogen. Das hatte er inzwischen in Erfahrung gebracht. Jeder in der Wärmestube wusste über so etwas genau Bescheid. Dahin, wo sich die Dienststelle jetzt befand, war es ihm zu weit. Außerdem wäre es nicht gut gewesen, sich dort herumzutreiben. Er wollte nicht aufgegriffen und kontrolliert werden. Er musste so lange in Deckung bleiben, bis er zum großen Schlag ausholen würde.

Dann war er akribisch die Stationen ihrer gemeinsamen Zeit abgelaufen. Das kleine Haus am Fischerrain, wo sie gewohnt hatte. Das Zentrum am Marienbach. Dort war die legendäre Discothek gewesen, in der sie sich kennengelernt hatten. Die Plätze, wo sie wild geknutscht hatten, wusste er nicht mehr. Die Bars, durch die sie gezogen waren, fand er nicht mehr. Um den Ort, wo sie sich zum ersten Mal geliebt hatten, machte er einen weiten Bogen.

Wie viele Tage war er mit ihr zusammen gewesen? Er hatte sogar die Stunden ausgerechnet. Es waren nur 5016 Stunden. Brutto. Wie viele davon sie tatsächlich miteinander verbracht hatten, konnte er nicht mehr rekonstruieren. Er hatte die Stunden damals nicht gezählt, er hatte diese sieben Monate in einer Art Fieberwahn durchlebt, in einem Rauschzustand, besoffen von Liebe.

Sie war seine Rettung gewesen, wie ein Engel war sie in sein chaotisches Leben geschwebt, das ihm schon damals zu entgleiten drohte. Er hatte es tatsächlich geschafft, die Dinge wieder einigermaßen in den Griff zu bekommen, hatte halbwegs Abstand von dem Zeug genommen, wurde vom Zyniker und Pessimisten sogar zu einem netten Kerl. Sieben Monate im siebten Himmel.

Dann die Katastrophen. Mehrere hintereinander. Keine Verkettung unglücklicher Umstände, sondern eiskalter Vorsatz und verantwortungslose Schlamperei. Zwei Verbrecher, die sein Leben zerstörten. Während eines der langen Aufenthalte in einer Reha-Klinik hatte er *Der Graf von Monte Christo* von Alexandre Dumas gelesen. Damals war der Plan in ihm gereift, auf ähnlich dramatische Weise Rache zu nehmen. Ein Plan, den er nie ganz aus den Augen verloren hatte, auch wenn er es zuließ, dass das Leben ihn auf andere Wege schickte als Dumas seinen Edmond Dantès. Der konnte seine Rache aus der Höhe von Macht und Reichtum herab zelebrieren, er musste es von unten her tun, aus der Ohnmacht und Armut heraus.

Aber er würde es tun, auch wenn inzwischen so viel Zeit vergangen war. Umso ahnungsloser und unvorbereiteter würden seine Opfer sein.

Er zog durch die Stadt und blies *Spiel mir das Lied vom Tod* auf der Mundharmonika.

*

Das Loch in der Schaufensterscheibe war inzwischen mit Plastikfolie notdürftig geschlossen worden. Der Imbiss war leer, ungewöhnlich für die Mittagszeit, vielleicht schreckte das Bild der Zerstörung Gäste ab. Martha Grimm nahm an einem Tisch in der Nähe der Theke Platz, hinter der Phan Minh Trung mit undurchdringlicher Miene stand und ins Leere starrte.

Martha Grimm schob die bunte Speisekarte beiseite.

„Sie haben doch sicher auch Pho?", fragte sie. „Pho Bo?"
Trungs Gesichtsausdruck änderte sich nicht.

„Steht nicht in Karte", sagte er.

„Leider. Aber Vietnamesen haben doch immer Pho im Topf. Gestern hatten Sie Besuch. Das war bestimmt ein wichtiger Mann. Da haben Sie sicher auch Pho gegessen."

Trung lächelte. Martha Grimm wusste, dieses Lächeln war Fassade. Er wollte verbergen, dass ihn ihre Bemerkung verunsicherte.

„Meine Frau bringt Pho Bo", sagte er und verschwand durch den Vorhang nach hinten.

Wenig später erschien Huong mit einer großen, dampfenden Schüssel. Sie lächelte nur flüchtig, und Martha Grimm sah an ihren Augen, dass sie eine schlaflose Nacht hinter sich hatte.

„Pho Bo", sagte sie. „Ganz frisch gekocht."

Die Rindfleischbrühe brodelte noch, sie duftete nach Sternanis und exotischen Kräutern. Hauchdünne Rindfleischscheiben garten darin nach, schwammen über den weißen Reisnudeln, die den Untergrund bildeten.

„Das riecht ja wunderbar", lobte Martha Grimm. „Ich liebe Pho Bo."

Sie versuchte die schwierige vietnamesische Aussprache halbwegs richtig zu treffen.

„Woher kennen Sie?", fragte Huong.

„Ach, ich war doch schon einmal in Vietnam. In Saigon. Vor langer Zeit. Aber ich erinnere mich noch, als sei es erst gestern gewesen. Wir saßen jeden Tag irgendwo am Straßenrand und haben Nudelsuppe gegessen."

„Was haben in Vietnam gemacht?"

„Es war während des Krieges. Ich bin Polizistin gewesen

und hatte einen Kriminalfall zu klären. In der deutschen Botschaft."

„Polizistin?" Huong schlug sich die Hand vor den Mund. „Ich haben Angst."

„Keine Sorge. Eigentlich bin ich ja nicht mehr im Dienst. Und Sie sind doch eine ehrliche Frau."

Wahrscheinlich bedeutete Huongs Lächeln jetzt sogar Zustimmung. Aber sicher war das nicht.

„Wer war das denn?", fragte Martha Grimm und deutete auf die Schaufensterscheibe.

„Sie müssen essen", antwortete Huong. „Suppe wird kalt."

„Sie ist sehr heiß", widersprach Martha Grimm. „Wissen Sie, wer es war?"

Es war ein langes Zögern, Ringen um eine Antwort, die Entscheidung zwischen Wahrheit und Lüge. Schließlich nickte Huong.

„Haben Sie schon Anzeige erstattet?"

Die Vietnamesin sah sehr unglücklich aus. Sie schüttelte den Kopf. Ein scharfer vietnamesischer Kommandoton. Trung war hinter dem Vorhang hervorgekommen. Huong machte eine leichte Verbeugung vor Martha Grimm und trippelte an ihrem Mann vorbei zurück in die Küche.

„Sie sollten Anzeige erstatten", sagte Martha Grimm zu Trung. „Wenn Sie wollen, kann ich Ihnen dabei helfen. Ich weiß, wer bei der Polizei dafür zuständig ist."

Trung kam hinter der Theke hervor. Auch er sah jetzt unglücklich aus.

„Am besten, Sie kommen nicht mehr hierher", sagte er.

„Wieso nicht?"

„Kein guter Platz für Sie."

„Das verstehe ich nicht. Es gefällt mir hier. Ihr Essen ist sehr gut."

„Kein guter Platz", wiederholte Trung. „Und wir machen sowieso zu. In ein paar Tagen."

„Ach, tatsächlich? Deswegen?" Martha Grimm wies auf das Loch in der Schaufensterscheibe.

Sie erhielt keine Antwort. Nicht einmal ein asiatisches Lächeln, das auch keine Antwort gewesen wäre. Trung stand wieder da wie ein Ölgötze. Nachdenklich schlürfte Martha Grimm die Nudelsuppe. Sie war immer noch heiß, und sie war sehr scharf.

6

Der Schwarze Weg in Schweinfurt. Er ging ihn jeden Tag, immer um dieselbe Zeit. Am frühen Abend, wenn er den Hund ausführte. Ein langer Spaziergang, den er in der Luitpoldstraße begann und bis hinauf zum Hauptfriedhof ausdehnte, um dann übers Obertor in die Innenstadt zurückzukehren. Die Gewohnheit vieler Jahre, an der er eisern festhielt, an der sich nie etwas änderte. Nur die Hunde hatten ab und zu gewechselt, weil ihnen nicht die gleiche Lebenszeit beschieden war wie den Menschen. Darüber dachte er oft nach, wenn er am Eingangstor zum Friedhof vorbeiging und auf der anderen Seite der Straße die von Steinmetzen ausgestellten Grabsteine sah. Das Leben eines Hundes, das Leben eines Menschen …

Zur Zeit besaß er eine gefleckte Dogge. Einen jungen Rüden, der vor viriler Kraft nur so bebte. Er zerrte an der Leine, als wollte er nicht nur Schweinfurt, sondern die ganze Welt erobern. Es bedurfte einiger Anstrengung, ihn zu bändigen und in Zaum zu halten. Dieses Ungestüme erinnerte ihn an seine eigene Jugend, in der er männlich und völlig kopflos vorwärtsgestürmt war, ohne jegliche Rücksicht auf irgendwelche Verluste. Er wunderte sich heute noch darüber, wie er es ohne größere Schrammen geschafft hatte, am Leben zu bleiben. Allerdings hatte sein Leben mehrfach am seidenen Faden gehangen. Dessen war er sich heute bewusst.

Der Schwarze Weg ... Nomen est omen. Hier war der seidene Faden damals fast gerissen. Ein schwarzer Tag in seinem Leben. Es war so gut wie aussichtslos gewesen. Gerettet hatten ihn seine brutale Kaltblütigkeit und eine gehörige Portion Glück. Er hatte so viel Dusel gehabt, dass er es bis heute kaum glauben konnte. Dennoch war es ein schwarzer Tag gewesen, weil man ihn danach zurückgepfiffen und ihm einen gehörigen Dämpfer versetzt hatte. Es hatte Jahre gedauert, bis er das verlorene Terrain zurückgewinnen konnte.

Der Hund blieb plötzlich stehen und knurrte. Es war auf Höhe der Kirche, deren Namen er nicht kannte. Ein Mann kam auf ihn zu. Er trug einen langen schwarzen Mantel und einen schwarzen Hut. Den rechten Arm hatte er ausgestreckt, in der Hand hielt er einen schwarzen Revolver.

„Bleib stehen", sagte der Mann.

Franco Maureso wusste, dass er keine Chance mehr hatte, den Hund von der Leine zu lassen. Der Mann ließ noch eine oder zwei Sekunden verstreichen. Franco Maureso hätte diese Zeit gar nicht gebraucht. Er hatte schon alles begriffen.

Der erste Schuss traf ihn ins Gesicht. Er fiel zu Boden, schlug mit dem Hinterkopf auf dem Asphalt der Straße auf. Der Hund riss sich los.

Der Mann schoss noch dreimal.

*

Blacky hatte einen neuen Reifen aufziehen lassen, danach groß und teuer eingekauft und den ganzen Nachmittag über die opulente Kochorgie nachgedacht, die er zelebrieren wollte. Erst ein paar exakt aufeinander abgestimmte Antipasti, dann ein exquisites Tomatensüppchen – eine kleine Pause, schließlich zartrosa gebratenes Rinderfilet, dazu grüne Tagliatelle mit einer sehr dezenten Gorgonzolasauce – wieder eine Pause, nach der eine Crème brûlée alles abrunden sollte. Zwei Flaschen Wein, ein trockener Weißer und ein Roter mit einer gewissen Schwere, beide aus dem Veneto. Die beiden Pausen stellte er sich anregend vor, als kleinen Vorgeschmack auf das, was ganz zum Schluss, nach dem Dessert, kommen würde. Wenn Kerstin Weiß gut gegessen hatte und entspannt war, konnte sie zu vielem fähig sein.

Er parkte die Barchetta vor dem Wohnblock hinter ihrem weißen Mini und warf einen scheelen Blick auf die Umgebung. Aus unerfindlichen Gründen wohnte die Kriminaloberkommissarin in einer Gegend am Bergl, die er als obskur ansah. Ihre Begründung dafür war kurz und bündig: „Ich bin zur Polizei gegangen, weil ich gern mittendrin bin im Leben. Also wohne ich auch mittendrin." Darüber war mit ihr nicht zu diskutieren.

Blacky hievte die Einkaufstaschen aus dem Kofferraum, schloss den Wagen sorgfältig ab und ging über einen kaum beleuchteten Weg zur Haustür. Er stellte die Taschen ab, um zu klingeln, als die Tür von innen geöffnet wurde und Kerstin Weiß vor ihm stand.

„Oh", sagte er. „Hast du schon gewartet?"

„Nein." Sie klang gehetzt. „Ich muss leider weg."

„Wie bitte? Das ist jetzt nicht dein Ernst?"

„Die Dienststelle hat mich eben angerufen. Dringender Einsatz."

„Und wann kommst du zurück? Ich könnte ja schon mal mit dem Kochen anfangen."

„Ich hab nichts im Haus", sagte sie. „Nur ein paar Tütensuppen."

„Der Mann von heute denkt mit. Ich habe alles mitgebracht."

Blacky deutete auf die Einkaufstaschen zu seinen Füßen. Kerstin Weiß warf einen Blick darauf und sah plötzlich sehr schuldbewusst aus.

„Tut mir wirklich leid. Aber ich glaube, das wird heute nichts mehr."

„Lass mich raten … Eine Leiche?"

„Richtig."

„Und wo?"

„Okay, fahr mir einfach hinterher, und wenn ich dir mit dem Warnblinker ein Zeichen gebe, gehst du auf Abstand und kommst völlig unschuldig zwei Minuten nach mir an. Ich will nicht, dass die Kollegen denken, ich würde schon wieder die Presse zu einem Tatort mitbringen."

Kerstin spurtete zu ihrem Auto, stieg ein, setzte ein Blaulicht aufs Dach und fuhr los. Blacky hatte alle Mühe, ihr zu folgen. Sie raste die Oskar-von-Miller-Straße hinunter, querte die große Kreuzung zur Stresemannstraße bei Gelbrot, passierte den Hauptbahnhof, gab auf dem folgenden Pflaster noch einmal Gas, schnitt den Kreisverkehr nach links entgegen der Fahrtrichtung und brauste dann durch die Luitpoldstraße. Bevor sie links in die Sattlerstraße einbog, schaltete sie kurz die Warnblinkanlage ein. Blacky verlangsamte das Tempo, bog dann ebenfalls ab und fuhr in Schrittgeschwindigkeit weiter. An der Einmündung zur Theresienstraße war eine Polizeisperre aufgebaut. Eine rote Kelle verwehrte ihm die Weiterfahrt. Er griff in die Tasche, holte seinen Presseausweis heraus und hielt ihn aus dem Seitenfenster.

„Ach, der Herr Schwarz", sagte der Streifenbeamte. „Woher ihr Pressefuzzis nur immer so schnell Wind bekommt. Sie sind aber leider nicht der Erste."

„Aber der Wichtigste", antwortete Blacky.

„Sie lassen den Wagen hier stehen und gehen zu Fuß weiter bis zur nächsten Sperre. Dort treffen Sie auf die Pressetante, die wird sich um Sie kümmern."

„Wie schön", sagte Blacky. „Saskia wird sich um mich kümmern." Er stieg aus und ging die Sattlerstraße weiter bis zur Friedenschule. Saskia Schmitt, die kommissarische Pressesprecherin der Schweinfurter Polizei und frühere Sekretärin von Kerstin Weiß, trug eine grüngelbe Schutzweste mit der Aufschrift POLIZEI und machte einen auf wichtig.

„Herr Schwarz", sagte sie. „Schönen guten Abend. Wenn Sie sich bitte hier neben die Kollegen stellen würden."

„Mach ich", erwiderte Blacky. „Was'n los?"

„Ich bin noch nicht befugt, irgendwelche Auskünfte zu erteilen", erklärte Saskia Schmitt. „Zu gegebener Zeit werde ich dann ein Statement abgeben."

„Zu gegebener Zeit wird sie dann ein Statement abgeben", wiederholte Michel Hilfreich, der Vertreter einer alteingesessenen Tageszeitung. „Du meine Fresse."

Blacky versuchte irgendetwas zu erspähen. Aber ein Kordon aus Polizeifahrzeugen versperrte die Sicht.

Bertie Dieb, ein Fotografenveteran, der längst alle Skrupel hinter sich gelassen hatte, kam herbeigeschlendert. Vor seinem Bauch baumelte die Kamera mit einem überdimensionalen Teleobjektiv. „Hab's schon im Kasten", verkündete er. „Neben der Leiche liegt ein Hund. Eine gefleckte Dogge."

„Eine gefleckte Dogge?", rief Michel Hilfreich. „Dann is alles klar, Jungs. Das is ja der Hammer!"

★

„Ich denke, wir können davon ausgehen, dass es tatsächlich Franco Maureso ist", sagte Kriminalhauptkommissar Wolfram Bayer, der Leiter der Schweinfurter Mordkommission. Er stand neben der schwarzen Plane, mit der die Leiche bedeckt worden war. „Der Tote hat zwar keine Papiere bei sich, und das Gesicht ist zur Unkenntlichkeit zerschossen, aber der tote Hund deutet darauf hin. Maureso wurde oft genug mit dieser Dogge gesehen."

„Herr und Hund", erwiderte Kerstin Weiß. „Beide vereint im Tod."

„Wir sollten uns warm anziehen", fuhr Bayer fort. „Wer Franco Maureso erschießt, öffnet die Büchse der Pandora."

„Was war da noch mal drin?"

„Alles Übel dieser Welt. Ich fürchte, Schweinfurt stehen unruhige Zeiten bevor."

Kerstin Weiß hatte ihren Chef selten so beunruhigt erlebt. Die Straßenbeleuchtung am Schwarzen Weg war mehr als schummrig, aber selbst in dem spärlichen Licht konnte sie sehen, wie blass er war. Und das kam nicht nur von der starken Erkältung, die ihn seit Tagen plagte.

„Eigentlich solltest du zu Hause im Bett sein", sagte sie.

„Wenn ich darüber nachdenken würde, wo ich eigentlich sein sollte oder könnte, würde ich ganz irr im Kopf werden", knurrte er als Antwort.

Kriminalkommissarin Marion Werner kam mit ihrem üblichen strammen Schritt auf sie zu.

„Also, in seinem Lokal ist er nicht", verkündete sie. „Einer seiner Angestellten sagt, er sei vor etwa einer Stunde mit dem Hund weggegangen."

„Na dann", meinte Wolfram Bayer. „Damit können wir wohl zweifelsfrei annehmen, dass der Pate tot ist. Wie es ausschaut, hat man ihm dreimal mitten ins Gesicht geballert. Aber das muss der Rechtsmediziner natürlich noch bestätigen. Der Hund wurde mit einem einzigen Schuss niedergestreckt. Der arme Köter."

„Merkwürdige Kiste", sagte Marion Werner. „Da wird Maureso vorgestern nach so vielen Jahren endlich mal verknackt, und heute ist er tot. Das ist doch kein Zufall, oder?"

„Was weiß ich." Wolfram Bayer schneuzte sich in ein großes kariertes Taschentuch. „Wenn's dumm läuft, kriegen wir das nie heraus. Die Mauer des Schweigens. Da haben sich schon ganz andere die Zähne dran ausgebissen. Aber eines ist sicher: Es wird Krieg geben. Verlasst euch drauf."

„Ja, und wie machen wir jetzt weiter?", fragte Kerstin Weiß. „Es nützt ja nichts, nur die Apokalypse heraufzubeschwören. Ermitteln müssen wir schon."

„In Maßen, Kerstin, in Maßen", brummte Bayer. „Die Spurensicherung soll ihre Arbeit machen, der Rechtsmediziner soll an ihm herumschnipseln, Zeugen scheint es ja keine zu geben – was willst du also groß ermitteln?"

„Das ist jetzt aber nicht dein Ernst, Wolfram", protestierte Kerstin Weiß. „Du willst doch nicht …"

„Mein voller Ernst. Ich prophezeie dir, wir würden keinen Millimeter vorwärtskommen. Wir würden uns nur an der Mauer des Schweigens die Köpfe blutig stoßen."

„Und wenn das gar keine Mafiaangelegenheit ist? Ich meine, nach allem, was ich immer wieder so gehört habe in der Zeit, seit ich in Schweinfurt bin … Diese Geschichten um Franco Maureso … Das sind doch zunächst alles nur Mythen und Legenden. Reine Vermutungen, ein Konstrukt. Soweit ich weiß, hat es nie einen Beweis dafür gegeben. Und auch jetzt: Verurteilt wurde er wie so viele andere wegen einer Steuersache. Vielleicht ist der Pate von Schweinfurt einfach nur eine Sagengestalt."

„Und Franco Maureso war nur ein harmloser Pizzabäcker ... sehr witzig. Warum hat man ihn dann umgebracht?"

„Keine Ahnung. Vielleicht eine persönliche Sache. Eifersucht. So was halt."

„Das war eine Hinrichtung, Kerstin", sagte Wolfram Bayer. „Sie trägt die Handschrift der Organisation."

„Sonst machst du dich immer lustig über Kollegen, die hinter allem gleich die Mafia vermuten."

„Stimmt. Aber wenn es um Franco Maureso geht, bin ich mir absolut sicher."

„Und warum?"

„Alte Geschichten. Erzähl ich dir bei Gelegenheit. Ich fahr jetzt heim. Sonst hol' ich mir in dieser Scheißkälte auch noch den Tod."

Er schlug wie einst Kommissar Maigret den Mantelkragen hoch und stapfte davon. Ein uniformierter Polizist kam auf Kerstin Weiß zu.

„Frau Oberkommissarin", sagte er, „unsere Kollegin ist an der Sperre. Sie fragt, ob sie kurz einen Blick auf den Tatort werfen könnte."

„Welche Kollegin denn?"

„Na ja, Frau Grimm, die frühere Hauptkommissarin. Ihre Großmutter halt."

*

Martha Grimm stand zwischen Blacky und Michel Hilfreich und besah sich die Bilder, die ihnen Bertie Dieb zeigte. Nahaufnahmen, grob gekörnt, aber mit allen Details. Die noch unbedeckte Leiche. Daneben die Dogge.

„Warst ja ganz schön schnell", meinte Michel Hilfreich anerkennend. „Hast wieder den Polizeifunk abgehört."

„Was heißt wieder?" Bertie Dieb sah aus, als hätte er seit drei Wochen nicht geschlafen.

„Junger Mann", sagte Martha Grimm streng. „Das will ich nicht gehört haben."

„Wer sind Sie eigentlich?", fragte Dieb und musterte sie misstrauisch. „Ich hab Sie noch nie gesehen."

„Alles in Ordnung", erklärte Blacky rasch, weil er wusste, wie eifersüchtig Bertie Dieb über seine Beute wachte. „Sie ist eine Bekannte von mir."

„Aha", sagte Dieb und schüttelte ungläubig den Kopf.

„Sie brauchen mich nicht zu verteidigen, Blacky", sagte Martha Grimm ungehalten. „Das kann ich schon noch allein. Also, um das klarzustellen ..."

„Oma, kommst du mal her!" Kerstin Weiß stand jenseits der Sperre und machte eine resolute Handbewegung, die einem harschen Befehl gleichkam.

„Na sag mal." Martha Grimm unterbrach ihre Klarstellung, drehte sich um und ging zu ihrer Enkelin hinüber. „Was hast du denn für einen Ton am Leib?"

Kerstin Weiß ging nicht auf die Frage ein. „Oma, was machst du hier?"

„Was ich hier mache? Mich umsehen. Ich wohne doch um die Ecke. Glaubst du, wenn in meiner Nähe ein Polizeieinsatz stattfindet, bleib ich in meinen vier Wänden und dreh Däumchen? Kann ich mal kurz den Tatort besichtigen?"

„Kommt nicht in Frage."

„Ach, Liebes, nun sei doch nicht so streng. Nur einen klitzekleinen Blick. Mich interessiert zum Beispiel die Entfernung zwischen der Leiche und dem toten Hund."

„Woher weißt du denn von dem Hund?", fragte Kerstin Weiß entgeistert.

„Tja, ich weiß es eben. Routine von Jahrzehnten. Wenn du rasch was wissen willst, frag die Presse. Die ist meist schneller als wir."

„Ah, daher weht der Wind."

„Lass ihn wehen. Ich weiß noch mehr. Ein toter Mafiaboss. Vermutlich erschossen. Anscheinend keine Zeugen. Darf ich jetzt gucken?"

„Nein."

„Du bist aber auch störrisch. Dabei solltet ihr mich unbedingt bei euren Ermittlungen zu Rate ziehen. Mordfälle, die mit organisierter Kriminalität zu tun haben, sind heikel. Schwierig. Oft aussichtslos. Das Gesetz des Schweigens, du weißt schon ... Da braucht es Erfahrung."

„Oma, das kannst du getrost uns überlassen. Und jetzt ..."

„Nein, nein, nein. Hauptkommissar Bayer ist schwer angeschlagen, hab ich gehört. Eine starke Erkältung. Vielleicht sogar eine Lungenentzündung. Und du bist schließlich noch jung und erst Oberkommissarin."

„Jetzt reicht es aber!"

„Es reicht eben nicht. Ich bin Kriminalhauptkommissarin, verstehst du? Ich habe Tausende von Ermittlungen geleitet. Was meinst du, mit wie viel Fällen von Bandenmord wir es in Frankfurt zu tun hatten? Ich bin übrigens schon heute Morgen hier in der Stadt auf Anzeichen gestoßen, dass etwas im Busch ist. Und siehe da ..."

„Alles schön und gut", unterbrach sie Kerstin Weiß. „Aber es gibt eben Dinge, die nicht gehen. Du kannst dich nicht als längst pensionierte Beamtin in unsere Ermittlungen einmischen. Ende der Durchsage. Ich werde dir nicht gestatten, den abgesperrten Bereich zu betreten. Und jetzt geh nach Hause. Es ist ziemlich kalt."

„Das vergesse ich dir nicht", grollte Martha Grimm. „Außerdem habe ich kein Zuhause. Ich bewohne nur ein Endlager. Das ist ein Unterschied."

„Oma, bitte ... Ich besuche dich in den nächsten Tagen, ja?"

„Na gut. Dann werde ich mich eben mit meinen anderen Fällen beschäftigen. Aber komm bloß nicht angekrochen, wenn du hier nicht mehr weiterweißt. Trotzdem noch ein kleiner Tipp: Denk mal drüber nach, weshalb in der vergangenen Nacht so viele Schaufenster in Schweinfurt und Umgebung eingeschlagen worden sind. Herr Hilfreich von der Zeitung sagte mir vorhin, es seien Dutzende gewesen. Ich selbst hab nur ein paar gesehen ... Gute Nacht."

Martha Grimm drehte sich brüsk um und ging mit energischen Schritten in Richtung der Seniorenresidenz *Goldener Herbst*. Kerstin Weiß sah ihr hinterher und seufzte. Einen Augenblick lang kämpfte sie mit sich. Dann schlüpfte sie unter dem Absperrband durch und winkte Blacky beiseite.

„Ich habe hier noch eine halbe Stunde zu tun", sagte sie. „Wenn du willst, gebe ich dir den Hausschlüssel, und du kannst schon vorausfahren und mit dem Kochen anfangen. Ich glaube, ich habe heute Abend ziemlich viel Appetit auf ziemlich viel."

7

Zum ersten Mal in diesem Herbst lag am Morgen leichter Frost über der Stadt. Die Außentemperatur war in der Nacht deutlich gefallen, es hatte stellenweise schon Glatteis gegeben, auf der Hahnenhügelbrücke war es bereits zu einem Unfall gekommen. Blacky tat in seiner Morgensendung am laufenden Band das, was Morgenmoderatoren im Radio an solchen Tagen tun: Er schwadronierte über das Wetter, warnte vor Glatteis und bat die Autofahrer, vorsichtig zu sein. Sören, der Frühdienst hatte, raufte sich die Haare.

„Willst du nicht endlich mit der Sensation des Tages raus", fragte er, „anstatt dieses Larifari zu verzapfen?"

„Und was ist die Sensation des Tages?"

„Das weißt du genau. Dass der Mafiaboss von Schweinfurt gestern Abend ermordet worden ist."

„Und genau das wissen wir nicht."

„Natürlich wissen wir es. Die Spatzen pfeifen es von den Dächern."

„Pass auf, Fischkopf, lerne fürs Leben. Wir haben in den Frühnachrichten gemeldet, dass am Abend eine Leiche gefunden wurde und es sich dem Vernehmen nach um einen Gastronomen aus Schweinfurt handelt. Mehr wissen wir nicht. Die Kripo hat bisher die Identität nicht bekanntgegeben. Und sie hat auch nicht bestätigt, dass ein Mord oder überhaupt ein Verbrechen vorliegt. Deine Saskia hat überhaupt nichts gesagt. Sie hat gestern Abend auch kein Statement mehr abgegeben, obwohl sie es angekündigt hatte."

„Es ist nicht *meine* Saskia."

„Ach, seit wann?"

„Schon seit längerem. Aber jetzt lenke nicht ab", beharrte Sören. „Wir wissen, dass es die Leiche von Franco Maureso ist. Und dass seine Dogge tot ist. Und jeder, der in Schweinfurt schon mal in einer Pizzeria war, weiß, dass der Franco der Mafiakönig ist. Oder war …"

„Was vielleicht auch nur ein Gerücht ist. Meinst du, ich bin lebensmüde und erzähle irgendwelche Mafiastorys on air? Solange die Kripo nichts bestätigt, hau ich keine wilden Geschichten raus."

Kerstin Weiß hatte ihn am Abend eindringlich gewarnt. „Sag bloß im Radio nichts von der Mafia. Sonst kommst du in Teufels Küche. Auch wenn es alle behaupten – es gibt keinen wirklichen Beweis dafür, dass Maureso da mit drinsteckte. Und schon gar nicht, dass er ein Pate war. Mag ja sein, es stimmt, aber ich würde darüber nicht öffentlich spekulieren. Da hat man schneller eine Verleumdungsklage am Hals, als man schauen kann. Im günstigen Fall. Und im weniger günstigen bekommt man eine Warnung, mit der nicht zu spaßen ist."

„Du scheinst es ja zu wissen", hatte er gesagt.

„Ich war in Aschaffenburg fast drei Jahre im Dezernat für organisierte Kriminalität tätig und habe da einiges fürs Leben gelernt. Das kannst du mir glauben. Leider ist es in diesem Bereich so, dass viele mitreden, aber nur wenige wirklich Ahnung haben. Es gibt genügend Kollegen, die schwafeln ein Zeug, dass einem die Haare zu Berge stehen."

Blacky hatte immer noch ein seliges Grinsen im Gesicht,

wenn er an den Abend dachte. Es hatte einfach alles gestimmt. Das Essen, das Dessert, das Danach ... Mit diesem Grinsen war er am frühen Morgen im Sender eingelaufen und auf einen übermotivierten Sören Eckenstade gestoßen, der bereits prophylaktisch eine Top-Meldung verfasst hatte, in der es von Mafia und Rache und Blut und Krieg zwischen den Clans nur so wimmelte. Dinge, von denen er eigentlich noch gar nichts wissen konnte.

„Ach, dann hat Saskia bei dir also doch geplaudert", hatte Blacky gepoltert. „Offiziell hält sie den Mund, und inoffiziell posaunt sie bei dir alles aus."

„Das kommt nicht von Saskia", hatte Sören beteuert. „Buschfunk, wenn du weißt, was ich meine."

„Ach so." Die Nummer also. Michel Hilfreich und Bertie Dieb hatten wahrscheinlich die halbe Nacht nichts anderes getan, als auf allen Kanälen die Gerüchteküche anzuheizen, um sich interessant zu machen.

„Wir bleiben in der Deckung. Zumindest vorläufig", beendete Blacky die Diskussion. Als Kontrast zum frostigen Wetter jagte er den uralten *Sunshine Reggae* hinaus in den Äther. Sören stand noch immer unter der Studiotür.

„Übrigens", sagte er, „du kannst zu dieser bescheuerten Schlachtschüssel gehen. Meine Mutter hat angerufen. Ich fahre am Wochenende nach Hause. Wir machen eine Kohlfahrt."

„Was ist das denn?"

„Eine alte friesische Tradition. Wir fahren hinaus aufs Land, ziehen einen Bollerwagen hinter uns her, spielen Boßeln und kehren dann in einem Gasthof ein. Dort gibt es leckeren Grünkohl mit Pinkel."

„Das muss man nicht mögen, oder?"

„Doch, muss man. Vor allem jetzt, wenn der Kohl Frost gehabt hat. Dazu Jever und ordentlich Klare. Am Ende küren wir den Grünkohlkönig. So ist das bei uns nu mal."

„Da ziehe ich dann doch die Schweinfurter Schlachtschüssel vor."

„Weil du eben keine Ahnung hast. Also abgemacht?"

„Abgemacht", sagte Blacky. Grünkohl mit Pinkel. Es schüttelte ihn, wenn er nur daran dachte.

*

Silvio Sforzas Handy klingelte, als er über den trostlos öden Schillerplatz auf das Justizgebäude zuging. Auf dem Display leuchtete eine Karikatur von Eugen Grob auf, die vor Jahren in der Würzburger *Main-Post* gedruckt worden war. Harm Bengen hatte den Politiker mit spitzem Stift gezeichnet, wie er war: fett, schmierig und geschmiert, maliziös, weltweit vernetzt und ein Provinztrottel nach fränkisch-bayerischer Manier.

„Warum rufst du nicht an?", brüllte es aus dem Hörer.

„Seit wann willst du von mir angerufen werden?"

„Du weißt, was passiert ist?"

„Natürlich."

„Wer war das?"

„Woher soll ich denn das wissen? Bin ich der liebe Gott?"

„Nein, aber sein Anwalt."

„Herrje, das Mandantschaftsverhältnis umfasst zwar viele Aspekte", sagte Silvio Sforza, „aber darunter fallen weder der Zeitpunkt des Ablebens noch Kenntnisse über den Mörder eines Mandanten."

„Laber nicht rum. Hast du eine Vermutung, wer es gewesen sein könnte?"

„Vermuten kann man viel. Kleine Differenzen innerhalb der weitverzweigten Familie. Knatsch mit einem anderen Clan. Eine Fehde zwischen Gangstern. Vielleicht war es auch eines seiner Weiber. Keine Ahnung."

„Und was bedeutet das für uns?"

„Alles und nichts. Vor allem aber: ewiges Schweigen. Wir sind fein raus aus der Nummer."

„Na hoffentlich", seufzte Eugen Grob. „Franco wird sein Wissen ja wohl mit ins Grab nehmen."

„Er ruhe in Frieden. Ich habe gehört, man hat ihm dreimal ins Gesicht geschossen. Ironie des Lebens, nicht wahr? Da wollte er ein neues Gesicht für ein neues Leben. Und jetzt ist sein altes Gesicht zerstört, aber er braucht kein neues mehr. In der Hölle werden sie ihn auch so willkommen heißen."

„Was sagst du? Ihm wurde dreimal ins Gesicht geschossen?"

„Dreimal. Peng. Peng. Peng. Aus die Maus."

„Scheiße", sagte Eugen Grob. „Große Scheiße."

„Ist doch egal. Herz, Kopf, Gesicht. Tot ist tot."

„Nein, es ist nicht egal. Es ist überhaupt nicht egal."

„Wieso denn?", fragte Silvio Sforza. Aber er erhielt keine Antwort mehr. Eugen Grob hatte einfach aufgelegt.

★

Die Lagebesprechung der Mordkommission an diesem Morgen fiel kurz und ernüchternd aus.

„Also erstens", sagte Kriminaloberkommissarin Kerstin Weiß, „der Chef hat sich krankgemeldet. Verdacht auf Lungenentzündung. Wir werden ein paar Tage ohne ihn klarkommen müssen. Zweitens steht jetzt eindeutig fest, dass es sich bei dem Leichenfund von gestern Abend um Franco Maureso handelt. Der Kollege Urban hat die Feststellung der Identität noch in der Nacht durchgeführt."

„Richtig", bestätigte Kriminalmeister Kilian Urban. „Die Ehefrau hat ihn zweifelsfrei identifiziert. Wir wollten ihr den Anblick des Gesichts ersparen, sie hat ihn ja an der Kleidung und sonstigen Körpermerkmalen erkannt. Aber sie wollte auch sein Gesicht sehen. Dann hat sie sich über die Leiche geworfen und geheult und geschrien. Ich glaube, Italienerinnen machen das so. Auf die Identifizierung der Dogge habe ich verzichtet. Das war doch richtig so, oder?"

„Ja, das war richtig", sagte Kerstin Weiß. „Drittens müssen wir konstatieren, es gibt keine Tatzeugen und auch sonst keinerlei Anhaltspunkte. Wenigstens bis jetzt. Und es wird kein Spaß werden, das Umfeld von Franco Maureso auszuleuchten."

„Omertà." Kilian Urban warf das Wort dramatisch düster in die Runde. „Ich habe alle drei Teile des *Paten* gesehen."

„Was niemand interessiert", merkte Kriminalkommissarin Marion Werner an.

„Doch, doch", widersprach Kerstin Weiß. „Genau von diesen Klischees müssen wir uns nämlich freimachen. Es ist noch lange nicht gesagt, dass dieser Mord im Zusammenhang mit irgendwelchen angeblichen Mafiaverbindungen von Maureso steht. Es können auch persönliche Umstände dahinterstecken. Oder etwas ganz anderes. Vielleicht haben sich Täter und Opfer gar nicht gekannt. Wir wissen nichts, und wir müssen in alle Richtungen völlig offen ermitteln. Wenn das Ergebnis der Obduktion vorliegt, haben wir hoffentlich ein paar Anhaltspunkte, was den Tathergang und die verwendete Waffe betrifft."

„Na, da bin ich anderer Meinung", sagte Marion Werner. „Es hat in der einschlägigen Szene doch vorher einige Unruhe gegeben. Dutzende von eingeschlagenen Scheiben und verwüstete Lokale vorvergangene Nacht. Die Schutzgeldmafia hat bei ihren Kunden offensichtlich ein Zeichen gesetzt. Warum auch immer. Ich sehe da jedenfalls einen unmittelbaren Zusammenhang."

Kerstin Weiß biss sich auf die Lippen. Diesen Zusammenhang hatte ihre Großmutter schon gestern Abend hergestellt. Eine Erkenntnis, die sie wurmte.

„Also gut", sagte sie. „Dann wird der Kollege Urban möglichst schnell zusammentragen, was über diese Vorfälle bekannt ist. Und versuchen, über Mittelsmänner an tragfähige Informationen heranzukommen.

„Viel Spaß", meinte Marion Werner. „Da plaudert doch keiner was aus. Das ist ein schwarzes Loch, aus dem nichts herausdringt."

„Eben", bestätigte Kriminalmeister Urban. „Omertà. Das Gesetz des Schweigens. Wie ich gesagt habe."

„Es ist mittlerweile viel komplizierter", fuhr Marion Werner fort. „Früher haben hier nur zwei italienische Mafia-Clans ein bisschen miteinander konkurriert. Die guten alten Zeiten, könnte man fast sagen. Aber heute mischen all die anderen auch mit. Russen, Ukrainer, Aserbaidschaner, Tschetschenen, Georgier, Albaner, Vietnamesen. Völlig undurchschaubar."

„Ich wusste gar nicht, dass du neuerdings Expertin für organisierte Kriminalität bist", spöttelte Kerstin Weiß.

Kriminalkommissarin Marion Werner holte ein Grinsen aufs Gesicht, in dem Triumph lag.

„Du weißt eben auch nicht alles. Aber ich wollte es dir

sowieso sagen. Ich bin zu einem Spezialseminar ins Präsidium nach Würzburg eingeladen worden. Es geht darum, den Bereich der organisierten Kriminalität ganz neu zu denken, um auf aktuelle Herausforderungen reagieren zu können. Tja, ich denke mal, meine Tage in Schweinfurt sind gezählt."

„Glückwunsch." Kerstin Weiß zeigte ihre Sphinx-Miene. „Da machen wir dann aber eine Flasche Sekt auf", fügte sie zweideutig hinzu. „Und jetzt an die Arbeit."

8

Blacky hatte die Barchetta am frühen Morgen vorsichtshalber mehrere hundert Meter entfernt vom Main-Radio-Parkplatz in einer kleinen Seitenstraße abgestellt. Die Botschaft gestern hatte eine Drohung enthalten: *Da du nicht hören willst, musst du fühlen. Erst eins, dann zwei, dann drei, dann vier.* Wenn sich diese alberne Zählerei auf die Autoreifen beziehen sollte, wollte er kein Risiko eingehen. Morgens um fünf war die Gegend einsam und verlassen gewesen, und er war überzeugt, dass ihm niemand gefolgt war.

Die Redaktionskonferenz an diesem Vormittag war von Patricia abgesagt worden, weil sie Schnupfen hatte. Er hatte deshalb schon um zehn Uhr morgens „Feierabend", ging nun auf seinen Wagen zu und sah sofort, dass etwas überhaupt nicht stimmte. Der Fiat war in die Knie gegangen, beide Vorderreifen waren platt. Diesmal klemmte ein durchfeuchteter Papierfetzen unter dem Scheibenwischer. Darauf nur ein paar hingekritzelte Worte: *Siehst du? Es wird bös enden!*

Er wusste nicht, ob er fluchen, weinen oder gleich ganz ausrasten sollte, und rannte ein paarmal um die Barchetta herum, um sich zu beruhigen. Dann rief er seine Autowerkstatt an und bat, einen Abschleppwagen vorbeizuschicken. Während er wartete, versuchte er Kerstin Weiß zu erreichen. Sie ging nicht ans Handy, er hinterließ ihr eine Nachricht auf der Mobilbox. Wie immer, wenn man auf etwas wartet, zog sich die Zeit zäh wie Gummi, es war kalt, er fror und schimpfte vor sich hin. Ein giftgrünes Auto bog in die kleine Straße ein und hielt neben der Barchetta an. Hinter dem Steuer saß Lothar.

„Wo kommst du denn her?", fragte ihn Blacky verblüfft, als er ausgestiegen war.

„Das ist eine ziemlich unpräzise Frage, weil sie mir nicht sagt, was du wirklich wissen willst. Auf die unmittelbare Vergangenheit bezogen, komme ich von der Hauptstraße, wo ich gerade abgebogen bin. Auf die mittelbare Vergangenheit bezogen, komme ich von zu Hause. Allerdings könnte ich die Frage auch weitgefasster verstehen und antworten: Ich komme aus Irland. Und letztlich müsste ich sagen: Ich komme aus dem All, denn ich bin Sternenstaub."

„Red keinen Stuss. Aber okay, dich schickt der Himmel."

„Damit hast du die Frage selbst beantwortet. Ich komme also aus dem All. Ob ich allerdings geschickt worden bin, bleibe dahingestellt. Was ist mit deinem Auto?"

„Das siehst du doch, oder? Zwei plattgestochene Reifen. Es kotzt mich an. Wenn ich dieses Miststück erwische, mache ich Hackfleisch aus ihr. Oder aus ihm."

„Aus ihr? Aus ihm? Bist du neuerdings bi?"

„Du redest heute nur Quatsch."

„Ich weise dich lediglich auf deine inkonsequente Sprache hin. Ich dachte, du wirst von einer Stalkerin verfolgt?"

„Ach, keine Ahnung. Kannst du mich mitnehmen, wenn der Abschleppwagen da war?"

„Klar", sagte Lothar. „Ich wollte ja sowieso zu dir."

„Und warum fährst du dann durch diese Seitenstraße?"

„Keine Ahnung. Eine Eingebung. Ich bin beim Autofahren in Schweinfurt immer sehr spontan und lasse mich gern treiben. Folge sozusagen meinen Erinnerungen."

„Aha", sagte Blacky. „Apropos Erinnerungen ... Ich quäle mich seit Tagen auch mit einer. Und ich komm und komm nicht drauf ..."

Er erzählte Lothar von seiner Begegnung mit dem Bettler in der Fußgängerzone.

„Er hat mich gekannt. Aber ich weiß nicht, wer er ist. Da ist nur der Fetzen einer ganz weit entfernten Ahnung. Mehr so, als ob ich mich an einen Traum erinnern will ... Es hat irgendwas mit der Zeit zu tun, als wir noch jung waren ..."

„Waren? Wir sind noch jung, oder? So haben wir das doch immer behauptet ... *Forever young*."

„Ich meinte, als wir noch sehr jung waren."

„Ach so. Daran kann ich mich nicht mehr erinnern."

Der Abschleppwagen kam, der Fahrer stieg aus und begann, die Barchetta an den Haken zu nehmen.

„Meinst du, dieser Bettler ist noch da?", fragte Lothar.

„Weiß nicht. Vielleicht. Er saß in der Spitalstraße und spielte Mundharmonika. Warum?"

„Weil du mich neugierig gemacht hast. Ich will ihn mir mal anschauen. Kann ja sein, dass mir was einfällt."

„Er ist ziemlich aggressiv."

„Keine Sorge. Das sind irische Bettler auch."

Der Fahrer nickte Blacky zu und sagte: „Sie können das Auto in zwei Stunden bei uns abholen. Wir ziehen am besten gleich die Winterreifen drauf. Dann sind Sie für jetzt aus dem Schneider und müssen erst im Frühling neue Reifen kaufen."

„Ja", antwortete Blacky. „Aber trotzdem kommt's mich teuer zu stehen. Ich könnt' ausflippen."

„Schon wirklich Pech." Der Fahrer stieg ein und fuhr los. Blacky blickte seiner Barchetta grimmig hinterher.

„Und was mach ich, damit sie oder er mir morgen nicht wie angekündigt drei Reifen zersticht? Ich kann das Auto doch nicht rund um die Uhr bewachen."

„Wenn du willst", sagte Lothar, „können wir tauschen. Ich fahre für ein paar Tage deinen Fiat, und du nimmst den Ford."

„Das grüne hässliche Ding?"

„So können wir die Stalkerin vielleicht hinters Licht führen. Ich hab ja ein bisschen Zeit und kann mich auf die Lauer legen, um der großen Unbekannten eine Falle zu stellen."

„Meinetwegen. Allerdings versucht das Kerstins Großmutter auch schon. Bisher ohne Erfolg. Sie ruft mich deswegen zweimal am Tag an."

„Ich habe wohl ein paar mehr Möglichkeiten als die alte Dame", erklärte Lothar selbstbewusst. „Lass mich mal machen."

„Okay. Dann trinken wir jetzt bei Joe 'nen Kaffee, und dann tauschen wir die Autos."

„Hier ist der Schlüssel. Kannst gleich mal üben."

Verächtlich musterte Blacky den kleinen grünen Ford, bevor er einstieg und sich ans Steuer setzte.

*

Martha Grimm war früh auf den Beinen und in der Stadt unterwegs. Verärgert über ihre Enkelin, hatte sie beschlossen, eigene Erkundigungen einzuziehen. Zuerst fuhr sie mit dem Bus zur Mainberger Straße, scherzte wie üblich mit den Beamten auf der Wache in der Polizeidirektion und setzte sich dann für einen Kaffee in die Polizeikantine. Strenggenommen hatte sie hier nichts zu suchen, aber in den letzten Wochen hatte sie es verstanden, sich eine Art Gewohnheitsrecht zu verschaffen. Das war ihr gelungen, weil sie die Namen aller hochrangigen bayerischen Polizeibeamten parat hatte, denen die jüngeren Beamten während ihrer Ausbildungszeit begegnet waren. Durch Anekdoten und Geschichten erweckte sie den Eindruck, mit all diesen Dienstvorgesetzten auf du und du zu stehen. Anfangs war sie noch skeptisch gefragt worden: „Aber Sie waren doch im hessischen Polizeidienst, Frau Grimm?" Doch überzeugend hatte sie gekontert: „Nach meiner Pensionierung habe ich in Aschaffenburg gelebt. Und da ist mir die bayerische Polizei ans Herz gewachsen. Die Polizeipräsidentin bittet mich übrigens immer wieder um Rat …" Schon nach kurzer Zeit fragte keiner mehr, und wenn sie zwei oder drei Tage nicht auf der Bildfläche erschien, machte man sich bereits Sorgen um sie. Die Ersten nannten sie inzwischen „Oma Martha".

An diesem Morgen hatte sie Glück. Sie traf einen jungen Kripobeamten, mit dem sie schon mehrmals geplaudert hatte. Er hatte ihr erzählt, dass er sich brennend für organisierte Kriminalität interessiere, leider aber im Dezernat für Eigentumsdelikte arbeiten müsse.

„Sagen Sie mal, Lucius", begann sie im verschwörerischen Ton nach einer überschwänglichen Begrüßung, „ich habe gestern Morgen in der Stadt jede Menge eingeschlagene Schaufensterscheiben gesehen. Was war denn da eigentlich los?"

Kriminalkommissar Lucius Römer setzte seine Kaffeetasse ab und antwortete ebenso verschwörerisch: „Das weiß keiner so recht. Wahrscheinlich hat die Schutzgeldmafia ein paar Warnschüsse abgefeuert. Obwohl das in Schweinfurt so noch nie vorgekommen ist. Diese Dinge laufen hier normalerweise völlig diskret ab. Na ja, ich hab aber was läuten hören."

„Und was, wenn ich fragen darf?"

„Dass der Franco den Befehl dazu gegeben hat. Davor soll er angeblich seine Leute ausgeschickt haben, um eine Sonderzahlung zu kassieren. Wenn das stimmen sollte, wäre das natürlich heikel gewesen, weil er damit den anderen Clan provoziert hätte. Die haben schließlich ihre Claims abgesteckt und sich auf gemeinsame Konditionen geeinigt. Ich kann mir gar nicht vorstellen, dass er so dumm gewesen sein könnte. Andererseits: Jetzt ist er tot, vielleicht hat er doch die Quittung dafür bekommen."

„Könnte es denn einen Grund geben, dass er solch eine Dummheit begeht und sich in Gefahr begibt? Er war doch ein alter Fuchs, oder?"

Der junge Kriminalbeamte grinste.

„Und Sie sind auch ganz schön ausgefuchst, Oma Martha. Sie wollen mich ein bisschen aushorchen. Also gut, ich habe da meine eigene Theorie."

„Eigene Theorien sind wichtig in unserem Metier, lieber Lucius."

„Ich denke, er wollte sich absetzen. Vielleicht sogar zur Ruhe setzen. Maureso ist ja vor einigen Tagen zu einer Freiheitsstrafe verurteilt worden. Einen Teil davon hätte er auf jeden Fall verbüßen müssen. Was macht ein Mann wie er da? Er haut ab. Ist doch logisch, oder? Und davor kassiert er noch einmal kräftig ab. Das ist übrigens die Regel, wenn ein Pate sein Revier räumt. Diese Sonderzahlungen können ziemlich saftig sein und die Schützlinge in den Ruin treiben. Was dem Paten natürlich Wurscht ist, weil er von ihnen danach nichts mehr will. Nicht egal ist es dagegen den anderen

Clans und unter Umständen der eigenen Familie. Weil ihnen sozusagen Tabula rasa hinterlassen wird und erst einmal nichts mehr zu holen ist."

„Ich sehe, Sie haben Fachliteratur gelesen", sagte Martha Grimm.

Lucius Römer errötete etwas.

„Ja, stimmt, das hab ich alles aus dem Standardwerk ‚Die Mafia und ihre Strukturen' von Umberto Eccone gelernt."

„Sie werden es noch weit bringen. Polizisten lesen leider ungern. Sie lesen ja nicht einmal Krimis. Was ein schwerer Fehler ist. Aber das nur am Rande. Was wissen Sie denn über die Familie von Franco Maureso?"

„Er hat ... also er hinterlässt eine Frau und zwei Kinder. Einen Sohn und eine Tochter. Frau und Tochter managen die Pizzeria. Der Sohn soll ein Nichtsnutz und notorischer Spieler sein. Franco und er waren wohl ziemlich über Kreuz miteinander. Mehr weiß ich auch nicht."

„Eine andere Frage noch, Lucius. Wie sieht es in Schweinfurt eigentlich mit der vietnamesischen Mafia aus?"

„Spielt keine große Rolle. Es scheint nur eine Familie zu geben, die ein paar Fäden zieht. Zigarettenschmuggel, vielleicht ein bisschen Prostitution. Ich habe mal gehört, es gäbe einen alten Mann, den sie den ‚großen Onkel' nennen. Der ist wohl der Patriarch und hat das Sagen. Aber das ist eine verborgene Welt, in die keiner von uns eindringen kann."

„Ach, jetzt ist meine Neugierde aber gestillt", meinte Martha Grimm. „Vielen Dank für die Einblicke in meinen neuen Wohnort."

„Sie sind mir schon ein Muster, Oma Martha", sagte Lucius Römer. „Das bleibt alles unter uns, nicht wahr?"

„Ich bin verschwiegen wie ein Grab. Schon jetzt." Martha

Grimm tätschelte dem jungen Kriminalkommissar beruhigend den Arm.

Als er aufgestanden war und sich verabschiedet hatte, beschloss sie, heute Mittag italienisch essen zu gehen. Aber zuvor hatte sie noch anderes zu erledigen.

*

Zum letzten Mal saß er nun also auf den Pflastersteinen, spielte Mundharmonika und zählte dabei die Münzen, die in seine Blechbüchse geworfen wurden. Es waren fast immer nur Münzen, Scheine flatterten ganz selten hinein. Tippelbrüder wie er saßen im wahrsten Sinn des Wortes ganz unten. Man war großzügig zu echten Straßenmusikanten und hatte Mitleid mit den bettelnden Frauen, die Kinder auf den Armen hielten. Einem wie ihm wurde spärlich gegeben, außer er hatte einen Hund dabei, das konnte den Tagesertrag um einiges erhöhen. Wer wusste schon, dass die Straßenmusikanten so gut wie nie notleidend waren, sondern sich nur auf bequeme Weise etwas dazuverdienten? Und dass die Frauen mit den Kindern zu hochprofessionellen Bettlerbanden gehörten, die in ganz Europa operierten und Kohle ohne Ende scheffelten? Die Zunft der Tippelbrüder dagegen litt oft wirklich Not. Und gerade ihnen schlug die Verachtung unverhohlen entgegen, weil sie verwahrlost waren und nach Alkohol stanken. Wer fragte schon, wie es eigentlich dazu gekommen war?

Die meisten von ihnen waren aus den unterschiedlichsten Gründen irgendwann völlig aus dem Leben gefallen und auf der untersten Stufe eines menschlichen Daseins gelandet. Manche rappelten sich wieder hoch, nahmen Hilfen in Anspruch, verließen die Straße, um dann doch in irgendeinem

Sozialverhau bei lebendigem Leib zu verschimmeln. Andere entwickelten mit der Zeit eine Art von sturem Stolz, der es ihnen verbot, noch einmal irgendwo anzudocken. Sie blieben Treibgut in einem eiskalten, stürmischen Meer, das sie so lange hin und her warf, bis sie untergingen, absoffen, verschwanden.

In den letzten zweitausend Tagen hatte er oft genug gespürt, wie grausam dieses Meer sein konnte. Auch er war in Gefahr gewesen, einfach aufzugeben, sich nur noch treiben zu lassen, ein willenloses Opfer der unbarmherzigen Wellen zu sein. Aber immer dann, wenn es fast so weit war, hatte er sich an den *Grafen von Monte Christo* erinnert und daran, dass der Gedanke an Rache ein Elixier war, das einen am Leben halten konnte. Vor etwa fünfhundert Tagen hatte er angefangen, den Wellen energisch Trotz zu bieten und allmählich zu einem Ufer zu schwimmen, an dem er sicheren Grund finden würde, um seinen Plan endlich auszuführen. Den Plan einer ausgefeilten Rache, die sein verpfuschtes Leben zwar nicht mehr retten, aber überhöhen würde. Schließlich hatte er das Ufer erreicht und mit der Metamorphose begonnen, seiner Verwandlung vom Tippelbruder zum normalen Bürger.

„Was glotzt du so?", herrschte er den Mann an, der plötzlich vor ihm stand und ihn versonnen zu betrachten schien. Seit einer halben Stunde saß er auf dem Marktplatz mit Blick in die Keßlergasse, und seit zwei Minuten stand dieser Mann da und starrte ihn an.

Keine Antwort. Er kannte den Mann nicht. In den letzten beiden Tagen hatte er immer wieder Menschen wiedererkannt, die an ihm vorbeihasteten. Er hatte sich gewundert, wie viele es doch waren, an die er sich erinnerte; wie viele von ihnen sich nicht wirklich verändert hatten, auch wenn sie fast dreißig Jahre älter geworden waren. So war es auch bei Blacky gewesen, den er sofort erkannt hatte. Aus dem Halbstarken von damals war ein reifer Mann geworden, aber verändert hatte er sich nicht. Es war vielleicht etwas leichtsinnig gewesen, ihn anzusprechen, aber er hatte in diesem Moment dem Drang nicht widerstehen können, sein Schachspiel der Rache mit einem ersten Bauernzug zu eröffnen. Doch bisher hatte ihn ja niemand erkannt, und auch Blacky hatte nur verständnislos aus der Wäsche geguckt.

Schien sich das gerade zu ändern? Kurt Schweiger spürte, wie ihn die Augen des Mannes durchdrangen, er konnte förmlich sehen, wie sein Gehirn arbeitete. Und als er sich schließlich abwandte und weiterging, ahnte Kurt Schweiger, dass der Mann wusste, wer er war.

9

Phan Minh Trung traf sorgfältig seine Vorbereitungen. Der Kommandant hatte ihn eingehend instruiert, ihm alle Details genannt, die er wissen musste. Im Kopf war er sie immer wieder durchgegangen, jetzt war es an der Zeit, sich ein Bild zu machen. Er zog sich nicht um, sondern verließ in seiner Berufskleidung – karierte Hose, weißer Kittel – zeitig genug den Imbiss, so dass er bis zum Ansturm der Mittagsgäste wieder zurück sein würde. Mit seiner Frau sprach er kein einziges Wort, aber er spürte den misstrauischen Blick Huongs im Rücken, als er ging.

Sie hatten schon wieder heftig gestritten. Bereits am frühen Morgen hatte das Gerücht wie ein Lauffeuer die Runde gemacht, einer der Italiener, der angeblich das Sagen hatte, sei am Abend vorher erschossen worden. Huong hatte daraufhin Räucherstäbchen vor dem Hausaltar angezündet, sich hingekniet und gebetet. Danach lag ein spöttisches Lächeln auf ihrem Gesicht. Da er spürte, dass sie etwas vor ihm verheimlichte, war er wütend geworden. Er stellte sie heftig zur Rede, und schließlich sagte sie triumphierend:

„Der große Onkel hat geholfen."

Er herrschte sie an, dass sie nicht ohne seine Erlaubnis zum großen Onkel zu gehen habe. Dann schimpfte er sie als dumm und einfältig.

„Der große Onkel hat nicht geholfen. Er kann es gar

nicht. Den Italiener haben seine eigenen Leute umgebracht. Und es wird uns überhaupt nichts nutzen. Das ist eine Krake mit unzähligen Armen. Wenn einer davon abgeschlagen wird, sind genug andere da, die sich weiter um uns schlingen werden."

Dann war sie wieder in ihn gedrungen und wollte erneut wissen, wer der geheimnisvolle Besucher war und was er gewollt hatte. Wieder verweigerte er jede Auskunft, was sie extrem wütend machte. Dabei beschlich ihn das ungute Gefühl, dass sie inzwischen mehr wusste, als sie sagte. Sie war beim großen Onkel gewesen, und er war der Einzige hier in Schweinfurt, der sein Geheimnis kannte. War es möglich, dass er Huong etwas über das Doppelleben erzählt hatte, das Phan Minh Trung seit über vierzig Jahren führte? Dann hätte er Verrat begangen, und auf einem solchen Verrat stand eine grässliche Strafe. Trung schauderte es, wenn er daran dachte.

Er ging zu seinem klapprigen Peugeot, der in der Tiefgarage stand, und fuhr zu dem Ort, den ihm der Kommandant genannt hatte. Trung hatte diese Zeit am späten Vormittag absichtlich gewählt, jetzt herrschte hier reger Betrieb, und er fiel in seiner Kochkleidung nicht auf. Über den Hof betrat er den Hintereingang und sah sich aufmerksam um. Schon nach wenigen Minuten war er mit der Örtlichkeit bestens vertraut und hatte alle Möglichkeiten analysiert. Er hatte lange keinen solchen Einsatz mehr absolviert, aber er spürte, wie die alten Kräfte zurückkehrten und er mit schlafwandlerischer Sicherheit abrufen konnte, wie er früher in einem Fall wie diesem vorgegangen war. Schweinfurt war nicht Saigon, doch Handwerk war Handwerk.

Seit der Kommandant den Befehl erteilt hatte, hatte

Trung schwer mit sich gerungen. Schon im Gespräch mit ihm hatte er inständig darum gebeten, den Auftrag ablehnen zu dürfen. Er sei zu alt, sagte er, er habe Familie, Frau, Kinder, eine gesicherte Existenz. Der Kommandant hatte sogar ein gewisses Verständnis gezeigt, war aber hart geblieben. Die Umstände hätten es nun einmal so gefügt, dass Trung der beste Mann für diese Sache sei. Als der Kommandant gegangen war, hatte Trung, der genau wusste, was dieser Einsatz für sein Leben bedeuten würde, alle Möglichkeiten in Gedanken durchgespielt. Er hatte an Flucht gedacht und an glatte Befehlsverweigerung. Er hatte überlegt, sich selbst zu verstümmeln oder eine Erkrankung vorzutäuschen. Aber letztlich hatte er alles verworfen. Aus zwei Gründen: seine Ehre und seine Angst. Er hatte einst einen Eid geschworen, den er bisher nie gebrochen hatte. Und er wusste, was mit ihm geschehen würde, wenn er sich widersetzte.

Im Lauf des gestrigen Tages war er dann ruhiger geworden; die Kaltblütigkeit, auf die er gedrillt worden war, hatte von ihm Besitz ergriffen. Er begann mit seinen Vorbereitungen, und er gestattete sich keine Zweifel mehr, dass er tun würde, was von ihm verlangt wurde.

Phan Minh Trung kehrte in den *Happy Wok* zurück und nahm seine gewohnte Arbeit wieder auf. Es waren bereits Gäste da, und die erste Bestellung war die Nummer 43, *Schweinefleisch süßsauer.*

★

Am Marktplatz stieg Martha Grimm aus dem Bus aus, spazierte durch die Spitalstraße und bog in die Petersgasse ein. Diesmal stieg ihr die Esoterik schon vor Sandra Galls Ladentür in die Nase und die Ohren.

Die Inhaberin trug ein langfließendes weißes Gewand, saß auf ihrer Ottomane und bearbeitete mit geschlossenen Augen eine Trommel, an der viele bunte Schnüre hingen.

Mit einem breiten „Oomm" machte sich Martha Grimm bemerkbar. Sandra Gall öffnete die Augen, ihre Finger trommelten weiter.

„Ich grüße dich, Schwester", sagte sie.

„Sei ebenfalls gegrüßt", antwortete Martha Grimm.

„Möchtest du einen Tee?"

„Sehr gern."

Sandra Gall stellte das Trommeln ein, erhob sich und ging zu einem Tischchen, wo auf einem Stövchen eine sehr bunte Teekanne stand. Sie füllte daraus zwei Tassen mit etwas, das durchdringend streng roch.

„Eine besondere Kräutermischung", sagte sie. „Ein uraltes keltisches Geheimrezept."

„Interessant. Und woher hast du es dann? Wenn es doch geheim ist."

„Wir Druidinnen geben so etwas untereinander weiter. Ich schätze mal, diese Rezeptur ist wenigstens zweitausend Jahre alt."

„Was du nicht sagst." Martha Grimm nippte vorsichtig an der Flüssigkeit, die heiß war und scheußlich schmeckte. „Ich hoffe, da ist nichts drin, was einer alten Frau wie mir schaden könnte."

„Wie meinst du das?"

„Na ja, ich meine da etwas herauszuschmecken, was mir bekannt vorkommt … also so von früher … wenn du weißt, was ich meine …"

Sandra Gall lachte verlegen. „Da hast du aber einen sehr feinen Geschmackssinn …"

Martha Grimm drohte ihr mit dem Zeigefinger. „Lass dich nicht erwischen."

„Ich denke mal, das fällt unter die freie Religionsausübung. Der Weihrauch in einer katholischen Kirche ist auch nicht ohne."

„Aber legal. Na, egal … Von mir erfährt niemand was. Ich wollte nur kurz mal hereinschauen. Dein Trommeln hat … gewisse Schwingungen in mir ausgelöst."

„Echt wahr? Es ist eine Schamanentrommel aus dem Altaigebirge. Das ist einer der absoluten Kraftorte auf diesem Planeten. Wahnsinn … diese Energie, die von dort kommt."

„Ja, Wahnsinn", pflichtete ihr Martha Grimm bei. „Es geht einem durch und durch."

„Ich kann noch ein bisschen trommeln", schlug Sandra Gall vor.

„Klar, warum nicht?"

Sandra Gall setzte sich wieder auf die Ottomane, warf den Kopf nach hinten, schloss die Augen und begann zu trommeln. Martha Grimm betrachtete sie aufmerksam.

Wie überführte man eine Stalkerin? Es war schwieriger, als sie es gedacht hatte. Von ihrer ursprünglichen Idee, sich auf die Lauer zu legen, hatte Martha Grimm gleich wieder Abstand genommen. Sie war einmal durch die Frauengasse, wo Blacky wohnte, geschlichen, hatte aber nichts Verdächtiges bemerken können. Dabei war ihr klargeworden, dass sie für eine echte Observation bei Nacht und Nebel doch wohl zu alt war. Bei ihren Telefonaten mit Blacky hatte sie auch nichts Brauchbares erfahren. Er schien sie und ihre Bemühungen leider nicht besonders ernst zu nehmen. Sie beharrte darauf, dass man die Angelegenheit nicht bagatellisieren durfte. Ein zerstochener Reifen war keine Kleinigkeit. Die Unbekannte schien bereit, die Sache zu eskalieren – im wahrsten Sinn des Wortes: stufenweise zu steigern. Aus welchem Grund? Zu welchem Zweck? Aber das waren bei einer psychopathischen Persönlichkeit und Stalkerin wahrscheinlich die falschen Fragen. War Sandra Gall eine solche Persönlichkeit? Wenn ja, wie sollte man das herausfinden? Martha Grimm war ratlos. Ein Zustand, den sie nicht leiden konnte.

„Wir haben übrigens einen gemeinsamen Bekannten", warf sie ein, als Sandra Gall endlich mit dem Trommeln aufhörte. „Blacky, den Radiomoderator."

„Ach ja? Woher kennst du Blacky?"

Sandra Gall schien überrascht, aber nicht übermäßig interessiert zu sein.

„Schweinfurt ist eben doch sehr klein. Ich habe ihn gestern zufällig über zwei Ecken kennengelernt. In meiner Seniorenresidenz lebt die Großmutter einer Kriminalbeamtin, die mit Blacky liiert ist. Bei einem Besuch der beiden sind wir miteinander ins Gespräch gekommen."

Ein Pfeil, präzise in die Mitte hinein abgeschossen. Ob er ins Schwarze getroffen hatte, blieb unklar.

„Ich wusste gar nicht, dass Blacky liiert ist", sagte Sandra Gall. Aus ihrer Stimme war nichts herauszuhören: keine Überraschung, keine Erregung, kein Ärger.

„Ich weiß nicht, ob es was Festes ist", erwiderte Martha Grimm. „Ich habe halt von meinem Besuch in deinem Laden erzählt, und da hat er erwähnt, dass er dich kennt."

„Er hat also von mir gesprochen?"

Nun klang sie doch interessiert. Ein lauernder Ton schwang mit.

„Ja, du scheinst ihm sehr sympathisch zu sein."

„Ach?"

Die Tür wurde geöffnet und eine junge Frau betrat den Laden. Sie kam Martha Grimm im ersten Moment bekannt vor. Und im zweiten Moment wusste sie auch schon, wer sie war.

*

Huong war in Panik geraten, als ihr Mann zu so ungewöhnlicher Zeit plötzlich den Imbiss verlassen hatte, ohne ein Wort zu sagen. War es etwa schon so weit? Würde er es jetzt tun? In diesem Fall hätte sie verloren, und ihr ganzes Planen und Überlegen wäre umsonst gewesen. Das Schicksal würde ungehindert seinen Lauf nehmen. Sie war erst hin und her gerannt, hatte geflucht und gebetet, dann hatte sie sich allmählich beruhigt und dazu gezwungen, einen klaren Gedanken zu fassen. Schließlich schlug sie sich an die Stirn. Wie dumm konnte sie eigentlich sein? Wenn sein Messer noch da war, bestand höchstwahrscheinlich keine Gefahr.

In den letzten Tagen hatte Huong sich mehrere Annahmen zurechtgelegt, von denen sie mit einer gewissen Sicherheit ausgehen konnte. Eine davon war: Er würde sein Messer benutzen. Etwas anderes war kaum vorstellbar. Trung war ein Meister des Messers. Er handhabte es auf perfekte Art und Weise. Er liebte sein Messer. Ja, Trung würde das Messer benutzen.

Sie eilte zu dem Regal, das über der Arbeitsplatte hing, auf der ihr Mann Gemüse, Fleisch und Fisch schnitt. Dort lag wie immer das Tuch, worin Trung jeden Abend in einer Art selbstvergessener Zeremonie sein Messer einwickelte. Huong schlug das Tuch auseinander – das *Hōchō* war da, der Stahl blitzte und blinkte ihr entgegen. Sie atmete auf, noch schien also nichts verloren. Dann faltete sie das Tuch wieder sorgfältig zusammen und überlegte, wie sie am besten vorgehen sollte. Das Messer war Teil ihres Plans, aber es kam auf den richtigen Zeitpunkt an. Eine Einsicht, die ihr eben erst wirklich klargeworden war. Zu früh konnte alles verderben – aber wenn sie es zu spät tat, würde sie das Nachsehen haben.

Huong stöhnte und fasste sich an den Kopf. Eigentlich war das alles viel zu viel für sie. Die Enthüllungen des großen Onkels, nach denen sie ihren Mann, den sie zu kennen geglaubt hatte, in völlig neuem Licht sah. Die Andeutungen, die der große Onkel über das gemacht hatte, was seinen Erkenntnissen nach bevorstand. Ihr jäh erwachter Trotz, dem Tun ihres Mannes Einhalt zu gebieten, damit das Leben der Familie nicht wegen längst vergangener Ereignisse zerstört werden würde. Ihr Plan, der eigentlich keiner war, weil sie zu wenig wusste über das, was sich da zusammenbraute. Sie musste Trung unbedingt in die Suppe spucken, und sie hatte noch nicht einmal eine Ahnung, auf welchem Herd er diese Suppe kochen würde. Huong spürte, wie Verzweiflung in ihr hochkroch und sie zu lähmen begann.

Sie brauchte frische Luft, wenigstens für ein paar Minuten. Wie so oft pfiff auch jetzt ein kalter Wind durch die Lange Zehntstraße. Er belebte sie und brachte sie gleichzeitig zum Frösteln. Huong wollte schon wieder in den *Happy Wok* zurückgehen, als sie die alte Dame mit den silbernen Locken sah, die auf sie zukam. Ein Gedanke schoss ihr durch den Kopf, über den sie noch Stunden später staunte. Und sie tat etwas, was sie bisher nie für möglich gehalten hatte.

10

So früh ging er selten nach Hause. Der Nachmittag hatte gerade erst begonnen, als Blacky durch den Zürch schlenderte. Zuvor war er eine Stunde mit Lothar bei *Viva Porcellino* herumgehangen, wo sie mit Joe über alte Zeiten geredet hatten. Dann waren sie zur Autowerkstatt gefahren, dort hatte sich Lothar ans Steuer der Barchetta gesetzt und gesagt: „Also, ich werde mal schauen, ob ich die große Unbekannte aus der Reserve locken kann. Ich melde mich, sobald sich was tut."

„Pass gut auf meine Kleine auf", hatte Blacky noch gerufen und skeptisch hinterhergesehen, als Lothar grußlos davonbrauste. Sein Freund neigte dazu, deutsche Straßen mit irischen zu verwechseln und links statt rechts zu fahren. Eigentlich war es purer Leichtsinn, ihm sein Auto anzuvertrauen, und grundsätzlich verlieh Blacky die Barchetta sowieso nicht gern – getreu dem Grundsatz: seine Frau und sein Auto verleiht man nicht –, aber er war wegen der zerstochenen Reifen so angefressen, dass er der Idee, die Autos zu tauschen, zugestimmt hatte. Jetzt begann er es zu bereuen, doch es war zu spät. Die Barchetta war hinter der nächsten Kurve verschwunden, und Lothar, der kein Handy besaß, nicht mehr zu erreichen. Manchmal nahmen die Dinge eben ihren Lauf.

Aus Gründen, die er selber nicht recht nachvollziehen konnte, hing er an diesem Auto. Es war ein Fiat mit allen Mucken und Macken, er hatte mehrfach eine Trennung erwogen, war aber immer wieder davor zurückgeschreckt. Jetzt kam der Winter, er würde in diesem Jahr nicht mehr mit offenem Verdeck fahren, bei klirrender Kälte würde die Kleine hin und wieder nicht anspringen, es gab eigentlich keinen Grund, ihr länger treu zu bleiben – und trotzdem war sich Blacky fast sicher, dass er mit ihr gemeinsam auch noch in den nächsten Frühling starten würde. Es gab eben Dinge, für die man keine Erklärung hatte und letztendlich auch keine wollte. Er hatte, verwundert über sich und seine Sentimentalitäten, den Kopf geschüttelt, war in den hässlichen grünen Ford gestiegen und in die Tiefgarage unter dem Museum zu seinem Stellplatz gefahren. Dort hatte er geparkt und überlegt, ob er noch einen Stadtbummel machen sollte. Da ihm kein wirklicher Grund dafür einfiel, beschloss er, nach Hause zu gehen und mit sich allein zu sein.

Blacky bog in die Frauengasse ein und sah, wie sich jemand an seiner Haustür zu schaffen machte. Im Nachhinein war ihm klar, wie doof es gewesen war, sofort „Hey!" zu brüllen. Es war eine Angewohnheit aus vergangenen Jugendzeiten, die er nie abgelegt hatte: Er brüllte immer sofort „Hey!", wenn ihn etwas tierisch aufregte. Manchmal war das ja hilfreich, aber in diesem Moment wäre es bessser gewesen, den Mund zu halten und sich dem Jemand leise von hinten zu nähern.

Der Jemand trug eine Jeans und einen blauen Anorak, die Kapuze war über den Kopf gezogen. Und der Jemand schien ziemlich geistesgegenwärtig zu sein. Denn er drehte sich nicht um, als Blackys „Hey!" durch die Frauengasse hallte, sondern glitt mit dem Gesicht zur Wand an der Hausmauer entlang, um dann plötzlich loszurennen. Blacky sah nur den blauen Anorakrücken, und er sah auch, dass der Jemand sehr schnell rennen konnte. Er sprintete Richtung Zwinger, Blacky setzte sich auch in Bewegung, aber er spürte sofort, wie langsam und schwerfällig er sich in Bewegung setzte. Der blaue Anorak vor ihm machte Distanz, erreichte die Treppe zur Wallanlage, rannte hinauf und verschwand. Blacky hastete die Treppe ebenfalls hoch, geriet außer Atem, verfluchte seine Unsportlichkeit, sah sich oben nach beiden Seiten um und wusste, dass er verloren hatte. Niemand war zu sehen.

„Scheiße", schimpfte er, „verdammte Scheiße."

Chance verpasst und verpatzt. Durch die eigene Dusseligkeit. Und weil er so unglaublich lahm geworden war. Früher hätte er ... na ja, auf dem Rückweg zur Frauengasse überlegte er, ob es dieses Früher wirklich jemals gegeben hatte. Schon im Sportunterricht in der Schule hatte er nicht zu den Assen gehört. Und seitdem war es eigentlich nur bergab gegangen. Ein paar krampfhafte Versuche – Fitness-Studio für teures Geld – waren kläglich gescheitert. In diesem Jahr hatte er sich für einige Wochen an der Illusion berauscht, vor der Midlife-Crisis noch einmal zum Sportler werden zu können: gemeinsames Joggen mit Kriminaloberkommissarin Kerstin Weiß am Sonntagmorgen in den Wehranlagen – ein dämliches Projekt, von dem sie sich beide sehr rasch in stillschweigendem Einvernehmen verabschiedet hatten. Er hatte das als endgültiges Ende sportlicher Ambitionen verbucht.

An der Klinke der Haustür baumelte eine Puppe. Eine Stoffpuppe mit langen blonden Haaren. Ein dünner Strick um den Hals, zu einer Schlinge geknüpft. Drei dünne Nähnadeln steckten in der Brust, im Bauch und zwischen den Beinen. Die Nadel in der Brust durchbohrte einen Fetzen

Papier. Blacky wollte die Puppe zornig herunterreißen, als sein Handy klingelte.

„Was gibt's?" Kerstin Weiß klang sehr gehetzt.

„Wie passend, dass du gerade jetzt anrufst", sagte Blacky.

„Sag schon, ich hab keine Zeit."

„Man hat mir heute zwei Reifen zerstochen. Das ist das eine. Und das andere: Ich komme eben nach Hause, und da macht sich jemand an meiner Tür zu schaffen. Keine Ahnung, wer, ich glaub, es war eine Frau. Sie ist weggerannt, leider war sie schneller als ich. Ja, und was hängt an der Türklinke? Eine Voodoopuppe, schön garniert mit Nadeln."

„Eine Voodoopuppe?"

„Um korrekt zu sein, eine weibliche Puppe mit langen blonden Haaren."

„Und was soll das bedeuten?"

„Na ja, zuallererst würd' ich mal sagen ... diese Puppe ... das sollst du sein."

„Ich?"

„Wohl schon. Denn auf einem Stückchen Papier steht ein Name: *Kerstin*."

„Jetzt wird's mir aber allmählich zu bunt", sagte Kerstin Weiß.

„Mir schon lange."

„Okay, du fasst diese Puppe nicht an, ich komm vorbei und bringe einen Techniker von der Spurensicherung mit. Trampele nicht vor deiner Tür herum, sondern stell dich in eine Ecke und warte. Bis gleich."

„Alles klar."

Blacky stellte sich vor die Mauer des Nachbarhauses und wartete. Wie fast immer war es in der Frauengasse sehr ruhig. Dann hörte er von der Rittergasse her Schritte. Sie kamen näher. Unwahrscheinlich, dass der blaue Anorak noch einmal zurückkehrte. Vermutlich ein Nachbar, der nun die Puppe sehen und anglotzen würde. Aber es war nur Lothar, der seelenruhig um die Ecke kam.

★

Da Martha Grimm das Gefühl gehabt hatte, zu stören, hatte sie sich rasch verabschiedet und war gegangen. Es war ohnehin schon spät genug. Wenn sie noch zu Mittag essen wollte, musste sie sich beeilen. Lucius hatte ihr den Weg beschrieben, und sie beschloss, ein Taxi zu nehmen. Auch in der kleinen Stadt Schweinfurt konnten die Wege sehr lang werden.

Natürlich hatte auch Saskia Schmitt sie gleich erkannt, als sie Sandra Galls Laden betreten hatte.

„Ach, Frau Grimm, wo man Sie überall trifft", hatte sie in ihrer langsamen und behäbigen Art im unterfränkischen Tonfall ohne weitere Begrüßung gesagt. Aber höfliche Begrüßungen waren in Schweinfurt sowieso nicht an der Tagesordnung. Es galt offensichtlich auch als Fauxpas, dass man sich gegenseitig vorstellte oder vorgestellt wurde. Schweinfurt konnte eine Stadt der eklatanten Wurstigkeit sein. So viel hatte Martha Grimm mittlerweile gelernt.

Saskia Schmitt war bis vor einigen Monaten die Sekretärin ihrer Enkelin gewesen, und Kerstin hatte immer nur über sie geschimpft. Einerseits schien sie langsam und begriffsstutzig zu sein, andererseits verfügte sie ausreichend über das, was man in Franken wohl eine „Gosch'n" nannte. Sie war also geschwätzig, indiskret und völlig von sich selbst überzeugt. Eine Mischung von Eigenschaften, die man zwischen Aschaffenburg und Hof und links und rechts des

Mains häufiger antraf. Eine merkwürdige bürokratische Kapriole der unterfränkischen Polizeiverwaltung hatte sie zur Nachfolgerin von Kerstin Weiß als kommissarische Pressesprecherin werden lassen – was ihre Enkelin nur sarkastisch kommentiert hatte. Dem Wort „kommissarisch" wohnte zwar die Bedeutung „vorübergehend" inne, aber da die Mühlen der Verwaltung schleppend mahlten, konnte sich die Sache durchaus bis zum Sankt Nimmerleinstag hinziehen und aus dem Provisorium ein Faktum werden lassen. Wer nur etwas Einsicht in deutsche Bürokratie besaß, hielt grundsätzlich alles für möglich.

Martha Grimm hatte Saskia Schmitt, als sie noch Sekretärin war, nie gesehen, war ihr aber bei einer ihrer Stippvisiten in der Polizeikantine begegnet. Die Beamten hatten über sie gelästert, und Martha Grimm hatte sich ihr vorgestellt: „Ich bin die Großmutter Ihrer früheren Chefin."

Saskia Schmitt hatte geantwortet: „Ich weiß, ich hab schon jede Menge Zeug über Sie gehört."

Das war's gewesen, es war von Anfang an klar, dass daraus keine Freundschaft entstehen würde. Auch in Sandra Galls Laden hatten sie sich weiter nichts zu sagen gehabt. Es war aber offensichtlich, wie unangenehm Saskia Schmitt die Begegnung war. Sie hatte sofort ein Gespräch mit der Druidin über das Wetter begonnen, ohne sich einen Deut darum zu scheren, dass sie in ein Gespräch hineingeplatzt war. Aber auch das war eine Schweinfurter Spezialität, an die sich Martha Grimm nicht gewöhnen mochte. Deshalb hatte sie schnell „Adieu" gesagt und beim Hinausgehen registriert, dass Saskia Schmitt und Sandra Gall sich anscheinend bestens kannten. Ein Umstand, den sie für bemerkenswert hielt.

In der Spitalstraße versuchte sie sich zu erinnern, wo sie

ein Taxi finden konnte. Sie nahm die Lange Zehntstraße, um zum Postgebäude zu gelangen. Als sie sich dem *Happy Wok* näherte, sah sie Huong im Freien stehen. Sie wollte der Vietnamesin freundlich zunicken, als Huong ihr plötzlich entgegenging und zu ihrem Erstaunen sagte: „Ich mit Ihnen reden möchte. Es ist sehr wichtig."

★

Den größten Teil ihres Lebens hatte Huong in Deutschland verbracht, nicht in ihrer Heimat Vietnam. Aber dort war sie aufgewachsen und erzogen worden. Erzogen nach Werten, die sich am Buddhismus, an der Lehre des Konfuzius und dem Glauben an die Macht der Ahnen orientierten. Die Vorfahren beschützen die, die nach ihnen gekommen sind – sie tun es aber nur, wenn ihnen in gebührender Form ständige Verehrung entgegengebracht wird. Dann sind sie über viele Generationen hinweg Mitglieder ihrer großen Familie und nehmen an den Freuden und Sorgen der jetzt Lebenden teil. Am Familienaltar wird der Ahnen täglich gedacht, sie werden dort verehrt, man bringt ihnen Opfer dar und betet um ihre Hilfe und Unterstützung.

Die Familie und die Ahnen, so hatte es Huong von Kindesbeinen an gelernt, sind das Fundament des Lebens, nur sie garantieren Stütze, Stabilität und Sicherheit. Alles wird innerhalb der weitverzweigten Familie nach uralten Traditionen geregelt, die Väter, Großväter und Onkel sind die Hüter dieser Traditionen: Gesetzgeber, Richter, Schlichter, weise, aber auch unnachgiebig und streng. Und alles, was an Problemen, Nöten und Fragen auftaucht, bleibt in der Familie; es ist streng verpönt, diese Angelegenheiten nach außen dringen zu lassen. So war es Huong beigebracht worden, so war sie es gewohnt, und danach handelte sie. Auch in Deutschland, auch in Schweinfurt, wo sie seit über dreißig Jahren lebte – in einer eigenen Welt, in der die Tradition und Sitte Vietnams nach wie vor über allem stand. Sie wusste wenig von den Deutschen, und die Deutschen wussten nichts über sie. Es wäre bisher Huong noch nicht einmal im Traum eingefallen, das zu tun, was sie an diesem späten Vormittag in der Langen Zehntstraße tatsächlich tat.

„Ich mit Ihnen reden möchte. Es ist sehr wichtig", sagte sie zu der alten Dame mit den silbernen Haaren. Sie kannte nicht einmal ihren Namen.

„Natürlich", antwortete Martha Grimm erstaunt. „Worum geht es denn?"

Huong sah sich nach allen Seiten um.

„Nicht jetzt", sagte sie. „Später."

„Ach so. Und wann?"

„Nachmittag. Drei Uhr. Mein Mann schläft. Wir können uns treffen auf Markt."

„Einverstanden", sagte Martha Grimm und lächelte aufmunternd. Es war nicht zu übersehen, wie nervös die Vietnamesin war.

Huong nickte ihr dankbar zu und huschte in ihren Imbiss zurück.

Als Martha Grimm weitergegangen war, kam ihr der vietnamesische Koch in seinen Küchenklamotten entgegen. Er schien sehr in Gedanken versunken und nahm keinerlei Notiz von ihr.

*

„Bleib stehen", schnauzte Blacky Lothar an. „Du kannst nicht einfach so herumlatschen. Die Spurensicherung kommt gleich. Was willst du eigentlich schon wieder?"

„Dir was sagen."

„Und was?"

„Sag ich dir gleich."

Lothar betrachtete die Puppe aus einigem Abstand.

„Das ist Kerstin", meinte er schließlich.

„Was du nicht sagst."

„Du solltest ihr sagen, dass ein Voodoo-Zauber auf ihr lastet."

„Hab ich schon."

„Das kann bös enden."

„Blödsinn."

Der blaue Dienst-Audi der Mordkommission kam durch die Burggasse und hielt neben ihnen an. Kerstin Weiß stieg aus, sagte kurz angebunden „Hallo", warf einen Blick auf die Umgebung und sah sich dann die Puppe an.

„Sie sieht mir nicht ähnlich", sagte sie.

„Aber sie trägt deinen Namen", erwiderte Blacky.

„Schon klar. Der Kollege kommt gleich, sichert eventuell vorhandene Spuren und nimmt das Ding mit ins Labor. Spätestens morgen wissen wir mehr."

„Wollen wir noch 'nen Kaffee trinken?", schlug Blacky vor.

„Sorry, keine Zeit. Der Chef ist krank, und jetzt hängt alles an mir. Ich muss zu einer Vernehmung."

„Bleibt's bei morgen Abend?", fragte Lothar.

„Morgen Abend?"

„Die Schlachtschüssel …"

„Ach so … Die hatte ich glatt wieder vergessen. Ja, ich

denke mal, es wird klappen. Ich hätte schon Lust auf ein bisschen Spaß."

„Ah ja", sagte Blacky.

„Du bist ja leider nicht dabei", meinte Lothar. „Aber weil wir gerade hier unter uns sind – ich habe vorhin eine interessante Entdeckung gemacht …"

„Ihr entschuldigt mich", sagte Kerstin Weiß. „Ich muss wirklich los."

„Aber es könnte auch für dich …"

„Erzähl's mir morgen", unterbrach sie ihn, stieg in den Audi, startete den Motor, wendete rasant und brauste davon.

„Ein hektisches Frauenzimmer", sagte Lothar. „Das würde mich auf Dauer verrückt machen."

„Sie würde es auf Dauer mit dir auch nicht aushalten", erklärte Blacky selbstgefällig. „Weil das nämlich niemand kann. Aber was hast du denn so Interessantes entdeckt?"

„Der Bettler", sagte Lothar. „Ich glaube, ich weiß, wer das ist."

11

Kurt Schweiger klaubte die letzten Münzen aus der Blechbüchse und steckte sie in die Hosentasche. Es waren nicht viele, aber wer den Pfennig nicht ehrt ... Alte Sprüche, goldene Wahrheiten. Er warf die Blechbüchse in einen Abfalleimer, dann machte er sich auf den Weg.

Vielleicht war es ein Fehler gewesen, den Bart, der ihm das Gesicht zugewuchert hatte, schon heute Morgen zurückzuschneiden und auf normale Länge zu stutzen. Doch er hatte es kaum noch erwarten können, die Maskerade endlich abzulegen und wieder der zu werden, der er einmal war. Die Vorbereitungen dazu hatte er längst getroffen, die Metamorphose sorgfältig eingeleitet, die ersten Stadien seines Plans bereits umgesetzt.

War es von Bedeutung, dass er so kurz vor der Beendigung seiner Maskerade erkannt worden war? Würde es etwas ändern? Nein, er war jetzt nicht mehr aufzuhalten. Mit jedem Schritt spürte er, wie die Vergangenheit von ihm abfiel, wie das Gefühl, eine Katze zu sein, zurückkehrte. Eine Katze, die Mäuse jagte und mit ihnen spielte, bevor sie sie fraß.

Sein Weg führte Kurt Schweiger über den Marktplatz zur Hellersgasse. Dort betrat er durch ein schmales Tor einen schäbigen Hinterhof, in dem ein alter, klappriger Renault stand. Eine verwitterte, halbmorsche Haustür, von der die

Farbe längst abgeblättert war. Ein muffiger Gang, eine Holzstiege, die unter seinen Füßen ächzte und knarrte. Im ersten Stock am Ende eines düsteren Flurs eine Tür, an der ein schwer angelaufenes Messingschild hing:

Hugo Krümmel
Privatdetektiv

Kurt Schweiger drückte den Klingelknopf neben der Tür. Ein müder, schnarrender Ton. Schlurfende Schritte, die Tür wurde geöffnet, ein kleiner Mann mit schütterem Haar, einer verbogenen Brille und einem großkarierten Sakko stand vor ihm. Er sah leidend und magenkrank aus.

„Komm rein", sagte der Mann.

Sie gingen durch einen graugestrichenen Flur zu einem Büro, wo Akten in schiefen Regalen lagen und Aschenbecher vor Zigarettenkippen überquollen. Auf dem Schreibtisch stand eine halbleere Whiskyflasche.

„Bei dir sieht's aus wie in einem schlechten Film", sagte Kurt Schweiger.

Hugo Krümmel grinste.

„Meinen Klienten gefällt es so. Es entspricht ihren Erwartungen. Und sie haben sofort das Gefühl, ich wäre billig. Oh, denken sie, den kann ich mir leisten."

„Wenn's funktioniert", sagte Kurt Schweiger. „Also, wie stehen die Dinge?"

„Tja", antwortete Hugo Krümmel. „Es gibt eine gute und eine schlechte Nachricht. Welche willst du zuerst hören?"

*

Sie hätte es sich denken können. Sie hätte es sich denken müssen. Verärgert stand Martha Grimm vor der Tür der Trattoria *Da Franco* und schaute den Zettel an, der dort klebte: *Vorübergehend geschlossen!*

So dämlich kann nur eine alte Frau sein, schimpfte sie mit sich selbst. Das Taxi war weg, sechs Euro beim Teufel, die Tür war zu, sie hatte Hunger und keine Idee, was sie tun sollte.

Ohne Dienstausweis ist das Leben nichts mehr wert, dachte sie.

„Was machst du hier?"

Schon wieder diese Frage. Martha Grimm drehte sich um und sah, wie ihre Enkelin Kerstin aus einem blauen Auto stieg.

„Oh, Liebes, was ist los mit dir? Warum funkeln deine Augen so?"

„Ich koche, Oma, ich koche."

„Das ist gut. Ich habe nämlich Hunger. Was gibt es denn?"

Kriminaloberkommissarin Kerstin Weiß schlug die Autotür zu.

„Lass diese blöden Sprüche. So senil bist du nicht, wie du gerade tust. Was willst du hier?"

„Ich wollte hier zu Mittag essen. Ist das verboten?"

„Ja. Weil du hier herumschnüffeln willst."

„Eigentlich kannst du mir nicht verbieten, da zu essen, wo ich möchte. Es hat sich aber sowieso erledigt."

Martha Grimm deutete auf den Zettel an der Tür.

„Sehr gut", sagte Kerstin Weiß. „Dann kannst du ja jetzt die Mücke machen."

„Sag mal, wie sprichst du eigentlich mit mir? Es ist mir

gestern Abend schon aufgefallen, dass du keinen Respekt mehr vor mir hast."

„Den hast du dir selber verspielt. Ich wusste genau, wohin es führen wird, wenn du nach Schweinfurt ziehst. Aber egal. Ich habe jetzt keine Zeit, ewig zu diskutieren."

„Natürlich nicht. Du musst ermitteln. Versteh ich doch. Die Witwe schütteln. Ehefrauen eines Mordopfers sind nach dem allerersten Schock meistens gesprächig. Doch Vorsicht, du hast es mit einer Italienerin zu tun. Sie kann leicht hysterisch werden. Am besten wäre es vielleicht, ich würde mit ihr in aller Ruhe eine Pasta essen. Ich habe da so meine Tricks …"

„Oma …"

„Dieser Franco ist bestimmt fremdgegangen. Die Frau war eifersüchtig. Kann ein Motiv sein. Das bekommt man am ehesten über die Tochter heraus. Töchter sind immer sehr verletzt, wenn der Vater die Mutter betrogen hat. Ja, und dann der Sohn … Soll ein Nichtsnutz und Spieler sein …"

„Oma, du machst mich fertig. Woher weißt du das alles?"

„Hältst du mich für blöd? Glaubst du, ich dreh den ganzen Tag Däumchen? Nein, Liebes, ich ermittle. Solide und konsequent. Alte Schule. Einmal Polizistin, immer Polizistin."

„Nein, eben nicht", seufzte Kerstin Weiß. „Was soll ich nur mit dir machen? Warum setzt du dich nicht einfach in dein nettes Appartement und liest ein paar Krimis? Die mit Miss Marple beispielsweise?"

„Um Gottes willen. Ich kann die alte Schachtel nicht leiden. Aber gut, wenn du mich nicht brauchst, dann werde ich jetzt gehen. Wer ist das denn? Der Leichenbestatter?"

Martha Grimm machte eine unauffällige Kopfbewegung zu dem Mann mit dem schwarzen Aktenkoffer, der soeben die Trattoria verließ. Er streifte sie mit einem flüchtigen Blick und nickte Kerstin Weiß kurz zu. Dann ging er zu dem dunkelgrauen Jaguar XJ, der am Straßenrand parkte.

„Nein, das ist Mauresos Anwalt", sagte Kerstin Weiß. „Silvio Sforza."

„Ein Mafioso?"

„Was weiß ich? Fang nicht schon wieder an."

„Na gut", sagte Martha Grimm, „dann werde ich mich mal auf den Rückweg machen und mir was zu essen suchen."

Sie tätschelte ihrer Enkelin den Arm und wandte sich ab. Erstaunt sah Kerstin Weiß zu, wie ihre Großmutter stracks dem Anwalt folgte, der gerade die Fahrertür geöffnet hatte.

„Würden Sie mich vielleicht in die City mitnehmen?", fragte sie ihn. „Der Weg ist doch recht weit, und ich bin nicht mehr so gut auf den Beinen. Außerdem wollte ich schon immer mal in einem Jaguar sitzen."

Silvio Sforza war einen Moment lang verblüfft. Dann lachte er.

„Klar. Wenn Sie sich brav anschnallen."

Er ging um den Wagen herum, hielt galant die Tür auf und half ihr beim Einsteigen. Martha Grimm machte es sich umständlich auf dem Ledersitz bequem und winkte Kerstin Weiß zu, als Silvio Sforza sich in den Verkehr der Luitpoldstraße eingefädelt hatte.

Die Kriminaloberkommissarin war fassungslos.

✶

Sie waren über den Marktplatz gegangen, durch die Spitalstraße gelaufen, hatten den Georg-Wichtermann-Platz abgesucht und waren durch die Keßlergasse zum Marktplatz zurückgekehrt.

„Vorhin war er noch da", sagte Lothar. „Jetzt ist er weg."

„Hat er wieder Mundharmonika gespielt?"

„Ja. Ganz scheußlich. *Time to say good bye* habe ich mit Müh und Not erkannt."

Blacky fragte einige Leute, ob sie den Bettler mit der Mundharmonika gesehen hätten. Fast alle hatten ihn gesehen, aber niemand wusste, wo er war.

„Wieso habe ich ihn nicht auch gleich erkannt?", fragte Blacky.

„Du hast doch gesagt, sein Gesicht sei von einem wilden Bart zugewuchert gewesen. Vorhin war sein Bart aber ziemlich gestutzt. Ich hab seine grausige Visage deutlich sehen können."

„Es ist ewig her."

„Stimmt. Ich habe nachgerechnet. Achtundzwanzig Jahre."

„Richtig", sagte Blacky. „Es war vor achtundzwanzig Jahren. Ich glaub, ich brauch einen Schnaps."

„Joe hat sicher was Vernünftiges unter der Theke."

Sie schwenkten nach rechts und gingen an der Buchhandlung *Kakadu* vorbei, wo Kunigunde Buntvogel gerade zahlreiche Exemplare des neuen Schweinfurt-Krimis im Schaufenster auslegte. Lothar zog ein angewidertes Gesicht.

„Bald werden hier meine Bücher mit Linda Morata liegen", verkündete er. „Dann bin ich der Platzhirsch."

Blacky verkniff sich eine Antwort.

Joe sah sie verwundert an, weil sie zum zweiten Mal an diesem frühen Nachmittag bei *Viva Porcellino* aufkreuzten.

„Ihr schon wieder? Ihr habt sonst auch nichts zu tun in eurem liederlichen Leben, oder?"

„Wir brauchen einen Schnaps", erklärte Blacky. „Und zwar einen gescheiten."

„Hab ich nicht. Ich bin eine Kaffeebar."

„Red kein Blech. Und mach gleich zwei Doppelte."

Der Barista grinste, hantierte unter der Theke und brachte ihnen dann zwei große Cappuccinotassen mit einer sehr klaren Flüssigkeit.

„Was'n los?"

„Geister", sagte Blacky. „Geister der Vergangenheit."

★

Warum war Schweinfurt nur so klein? Und warum gab es jetzt keinen Stau? Der Rechtsanwalt fuhr zwar vorschriftsmäßig und recht langsam, aber jede Ampel zeigte Grün. Martha Grimm sah das Ende der Fahrt schon vor sich, bevor sie überhaupt richtig begonnen hatte. Das war schade, denn Silvio Sforza schien durchaus auch an einer Konversation interessiert.

„Kennen Sie die Frau, mit der Sie vor der Pizzeria standen?", hatte er gefragt, nachdem sie losgefahren waren.

„Nein", log Martha Grimm. „ich wollte von ihr nur wissen, weshalb das Lokal heute geschlossen hat."

„Wusste sie, warum?"

„Ein Todesfall, hat sie gesagt. Kennen Sie die Frau?"

„Nein", log Silvio Sforza.

„Wer ist denn gestorben?"

„Der Besitzer."

„Franco? O mein Gott. Das ist ja furchtbar."

Martha Grimm registrierte, wie der Anwalt ihr einen neugierigen Seitenblick zuwarf.

„Haben Sie ihn gekannt?"

„Wer kennt Franco nicht", sagte Martha Grimm. „Meine Güte, ist das ein schönes Auto. Wie schade, dass wir nicht ein bisschen schneller fahren können. Auf der Autobahn schnurrt der Motor doch wie eine Raubkatze, oder?"

Silvio Sforza schien sich zu amüsieren.

„Wenn Sie wollen, können wir ja eine kleine Spritztour machen", sagte er. „Einmal rund um Schweinfurt."

„Haben Sie denn Zeit?"

„Eigentlich nicht. Aber für einen netten Spaß bin ich immer zu haben."

„Ich auch. Und ich liebe Autos. Mein Name ist übrigens Grimm. Martha Grimm."

„Sforza", sagte der Rechtsanwalt.

„Ich weiß."

„Ach?" Wieder ein neugieriger Seitenblick. Silvio Sforza ließ die Innenstadt links liegen, dann fuhren sie über den Main. Es hatte aufgeklart, eine zaghafte Spätherbstsonne spendete dem frühen Nachmittag Variationen von Licht.

„Hier ist Schweinfurt am schönsten", sagte Martha Grimm und deutete nach links. „Der Main sieht so friedlich aus. Als ob in dieser Stadt nichts Böses geschehen könnte."

„Woher kennen Sie mich?", fragte Sforza unvermittelt.

„Ich kenne Sie ja gar nicht. Ich weiß nur, dass Sie Anwalt sind. Der Anwalt von Franco Maureso. Also, das heißt, Sie waren sein Anwalt … Denn er ist ja tot. Schrecklich, so zu sterben. Mitten ins Gesicht geschossen. Also, ich frage mich wirklich, weshalb man ihm ins Gesicht geschossen hat. Das tut man doch nicht, oder?"

Silvio Sforza verriss fast das Steuer, als er ins Industriegebiet abbog. Es war kein Seitenblick mehr, er starrte seine Beifahrerin unverhohlen an.

„Hier ist Schweinfurt nicht schön", sagte Martha Grimm. „Aber so ist es im Leben. Alles liegt immer ganz nah beieinander. Das Schöne und das Schreckliche. Das Gute und das Böse."

„Und woher wissen Sie das alles?", fragte Silvio Sforza schließlich. Er klang unversehens nicht mehr freundlich.

„Das weiß doch jeder."

„Ich meine das, was Sie gerade vom Stapel gelassen haben. Diese Details über den Tod meines Mandanten ... Die Kripo hat bisher nichts davon bekanntgegeben. Also ..."

„Ich habe es gesehen", sagte Martha Grimm.

„Was haben Sie gesehen?"

„Nun, ich wohne in der Nähe des Schwarzen Wegs. Beziehungsreicher Name, nicht wahr? Ein Mord im Schwarzen Weg. Sehr einsam am Abend. Bestens geeignet, wenn man jemand auflauern will. Franco ist seinem Mörder offenbar direkt in die Arme gelaufen."

„Waren Sie etwa Tatzeugin?", fragte Silvio Sforza. „Haben Sie etwas gesehen?"

Martha Grimm wollte die Frage schon verneinen, aber dann machte sie der Tonfall, in dem der Rechtsanwalt diese Frage gestellt hatte, stutzig. Nein, mein Freund, dachte sie, eine Ermittlerin ist dazu da, Fragen zu stellen; aber nicht, welche zu beantworten.

„Es war dunkel", sagte sie. „Und ich bin eine alte Frau."

Nun beobachtete sie ihn verstohlen von der Seite. Sein rechter Mundwinkel zuckte leicht. War es ein Tick oder war er nervös?

Sie hatten das Industriegebiet verlassen. Silvio Sforza fuhr auf die A 70 Richtung Würzburg und gab Gas. Der Jaguar schnurrte.

„Sehr schön", sagte Martha Grimm. „Ein wirkliches Raubtier."

★

Hugo Krümmel goss Whisky in ein Wasserglas. Es war ein Allerweltswhisky, billiger Bourbon, er trank hastig, seine Hände zitterten.

„Du trinkst nicht?", fragte er.

Kurt Schweiger schüttelte nur den Kopf. Er hätte auch sagen können: „Keinen solchen Fusel", aber das wäre wohl doch zu absurd gewesen. Ein Tippelbruder, der sich für Fusel zu schade ist.

Er betrachtete seinen ehemaligen Kollegen erneut mit einem Gefühl der Beklommenheit. Vor drei Tagen hatte er ihn zum ersten Mal wieder gesehen und war erschrocken. Was die Zeit und die Umstände aus einem Menschen machten. Bei sich selbst stellte er solche Überlegungen nicht an. Obwohl auch bei ihm achtundzwanzig Jahre vergangen waren. Aber die Katastrophe damals hatte eines für immer bewirkt: Aussehen spielte für ihn keine Rolle mehr, und es gab auch keine Veränderung. Auf brutale Weise war er zeitlos geworden, alterslos, gesichtslos.

Aus Hugo Krümmel war ein Wrack geworden. Der drahtige, sportliche junge Kriminalkommissar von damals war jetzt ein müder, alter Alkoholiker, der sein Dasein als Privatdetektiv fristete, beschäftigt mit Angelegenheiten aus der untersten Schublade menschlicher Probleme. Das Leben hatte ihm böse mitgespielt, aber Hugo Krümmel hatte die Schuld daran allein zu tragen. Denn auch er war einst von der Katze zur Ratte mutiert. Das hatte sie verbunden – damals –, und das verband sie auch heute noch.

„Also, dann zuerst die gute Nachricht", sagte Hugo

Krümmel. „Interessant, dass du zuerst die gute Nachricht hören willst. Ich würde es immer umgekehrt wollen."

„Scheißegal", erwiderte Kurt Schweiger. „Es hat keine tiefere Bedeutung."

„Na gut. Eugen Grob ist zur Zeit in Schweinfurt, und ich hab auch eine Gelegenheit ausbaldowert, bei der du an ihn rankommst. Das wäre aber schon morgen Abend."

„Je früher, desto besser. Und die schlechte Nachricht?"

„Tja, die schlechte Nachricht …", sagte Hugo Krümmel.

★

„Zumindest ein Geist", erklärte Blacky. „Ein Geist der Vergangenheit."

„Mach's nicht so spannend."

Joe blieb am Bartischchen stehen und lauerte. Sein ganzes Gesicht hinter dem extravaganten Bart war ein einziges Lauern. Es gehörte zu seinem Berufsbild als Barista dazu: das Lauern auf die kleinen und großen Geschichten aus Schweinfurt, auf die Sensationen und Sensatiönchen, auf die Gerüchte und Halbwahrheiten. Ganze Wahrheiten wurden im *Viva Porcellino* selten ausgesprochen.

„Du kennst ihn auch", sagte Blacky. „Kurt Schweiger. Er ist wieder da."

Blacky und Lothar nahmen beide einen tiefen Schluck aus den Cappuccinotassen und sahen gespannt zu, wie der Groschen bei Joe fiel. Er fiel in einem mittleren Tempo. Dann klimperte er endlich auf dem Fußboden herum.

„Der Bulle?", sagte Joe. „Drogenkurt?"

„Wir haben ihn gesehen."

„Echt? Ich hab eigentlich gedacht, er ist verschollen. Oder tot. Oder beides."

„Offensichtlich nicht. Allerdings ist er ganz schön auf den Hund gekommen. Er hockt seit ein paar Tagen auf der Straße herum und spielt Mundharmonika."

„Was es net alles gibt. Irgendwann zieht's jeden wieder heim. Des hat scho mei Mutter immer g'sagt."

„So wird's sein", meinte Blacky. „Der Schnaps ist übrigens gut."

12

Schon der Schweinfurter Markt war für Huong eine fremde Welt. Sie und ihr Mann bezogen für den *Happy Wok* Lebensmittel und Waren auf ganz anderen Kanälen. Über das Dong Xuan Center in Berlin floss so ziemlich alles, was es in Asien zu kaufen gab, auch nach Deutschland. Legales, Halblegales und Illegales. Die Verteilung auf Asia-Läden und Restaurants war penibel durchorganisiert und streng geregelt. Chinesische und vietnamesische Triaden, mongolische Gangster und russische Mafiabanden zogen im Hintergrund die Fäden, arbeiteten Hand in Hand, hatten ihre Reviere trotzdem streng voneinander abgegrenzt, verdienten prächtig und bekriegten sich deshalb selten.

Huong wusste davon sehr wenig. Beim ewigen Getratsche mit den vietnamesischen Frauen in der Stadt fiel ab und zu die eine oder andere Andeutung, aber sie hatte sich nie wirklich dafür interessiert. Die Kinder und der Imbiss füllten ihr Leben aus. 1982 war sie zusammen mit ihrer Mutter von der *Cap Anamur* von einem sinkenden Flüchtlingsboot im Südchinesischen Meer gerettet, auf die Philippinen gebracht und schließlich nach Deutschland ausgeflogen worden. Ihr Vater war schon Jahre zuvor in ein Umerziehungslager verschleppt worden; sie hatten nie mehr etwas von ihm gehört. Beide Brüder waren nach der zwangsweisen Einberufung in die Armee im Krieg gegen Kambodscha gefallen. Der große Onkel hatte schließlich ihre Flucht organisiert, er selbst war später auf anderen Wegen nach Deutschland gekommen; Wege, über die er sich stets ausgeschwiegen hatte. In Schweinfurt hatte sie der große Onkel dann mit Phan Minh Trung bekanntgemacht und mit sanftem Druck dazu gebracht, ihn zu heiraten. Ihr Mann war um einiges älter als sie, er hatte Vietnam bereits kurz nach der Eroberung Saigons 1975 verlassen und war über die USA nach Deutschland gelangt. Über Einzelheiten seiner Vergangenheit hatte er sich stets ausgeschwiegen; der große Onkel hatte Huong früh eingeschärft, Trung nicht mit allzu vielen Fragen zu behelligen. Daran hatte sie sich gehalten. Sie hatten zusammen drei Kinder, zwei Töchter und einen Sohn, die inzwischen alle erwachsen waren. Huong war mit ihrem Leben in Schweinfurt im Großen und Ganzen zufrieden, die Erinnerung an die schwere Zeit in Vietnam ertrug sie mit buddhistischer Gelassenheit, und bis vor zwei Tagen hatte sie geglaubt, in Ruhe und Frieden alt werden zu können. Diese Zuversicht war nun plötzlich ins Wanken geraten.

Sie entdeckte die alte Dame mit den silbernen Locken im Gedränge vor einem Bratwurststand. Scheu sah sie sich um, dann näherte sie sich ihr und zupfte sie am Ärmel. Wie immer war sie auch jetzt bemüht, klein, fast unsichtbar zu sein, nicht durch große Gesten oder laute Worte aufzufallen.

„Ach, da sind Sie ja", sagte Martha Grimm. „Ich kaufe mir gerade eine von diesen Chilibratwürsten. Die gibt es nur hier, sie sind einfach köstlich. Richtig, richtig scharf. Mögen Sie auch eine?"

Huong nickte zaghaft. Sie hatte noch nie eine Chilibratwurst gegessen, aber es wäre ihr unhöflich erschienen, das Angebot der alten Dame abzulehnen. Skeptisch schaute sie zu, wie der Mann im Verkaufswagen Würste vom Rost holte und in Brötchen legte.

„Bei mir im Seniorenheim gibt es auch einmal die Woche Bratwurst", erklärte Martha Grimm. „Immer mit Kartoffelpüree. Schmeckt furchtbar fad. Meine Tischnachbarin plappert dann jedes Mal davon, wie wichtig den Schweinfurtern ihre Bratwürste sind und dass angeblich die Kinder in Schweinfurt schon mit einer Bratwurst im Mund geboren werden. Na ja, die Leute hier haben einen komischen Humor. Wie lange leben Sie denn schon in dieser Stadt?"

„Vierunddreißig Jahre", sagte Huong. Sie hatte nicht alles verstanden, was die alte Dame eben erzählt hatte. Sie redete schnell und viel. Das taten alte Vietnamesinnen auch, aber in ihrer Sprache.

„Wollen wir uns hier an das Tischchen stellen?", schlug Martha Grimm vor. „Es ist so schön sonnig. Richtig angenehm nach dem scheußlichen Wetter der letzten Tage. Vermissen Sie nicht die Wärme Ihres Heimatlandes?"

„Doch. Immer", erwiderte Huong. „Ich vermisse sehr."

„Es war schwül in Saigon", erinnerte sich Martha Grimm. „Sehr schwül. Abends saßen wir auf der Dachterrasse des Rex-Hotels, tranken Gin Tonic und sahen auf diesen prächtigen Boulevard hinunter. Ach, ich war noch so jung damals."

Gerührt über ihre Erinnerungen an längst vergangene Tage nahm sie die Serviette und tupfte sich die Augen damit ab. Huong staunte, wie offenherzig die alte Dame ihre Gefühle zeigen konnte. Das Staunen verbarg sie hinter einer der zahllosen Varianten ihres Lächelns.

„Schmeckt Ihnen die Bratwurst?", erkundigte sich Martha Grimm.

„Ja danke, ist sehr gut. Schön scharf."

„In Saigon gab es damals diese herrlichen Baguettes mit Leberpastete, Koriander, Chilis und Sojasoße. Ich habe vergessen, wie sie hießen."

„Banh mi", sagte Huong.

„Richtig. Ich fand immer, dass sich dabei Frankreich mit dem Fernen Osten auf wunderbare Weise verbunden hat. Nun ja, vergangene Zeiten."

„Ich kann machen Banh mi für Sie. Kein Problem."

„Wirklich? Das wäre sehr nett. Ich würde das gerne noch einmal essen. Es wäre eine schöne Erinnerung."

Martha Grimm biss herzhaft in das Bratwurstbrötchen, kaute bedächtig und genießerisch, dann heftete sie ihre Augen fest auf die kleine Vietnamesin.

„Sie wollten mit mir reden", sagte sie. „Es geht um Ihren Mann, nicht wahr? Er hat ein Problem."

*

Silvio Sforza hatte Martha Grimm am Marktplatz vor dem *Brauhaus* aussteigen lassen, den Jaguar in der Krummen Gasse geparkt und war in die Kanzlei gegangen. Sein scharfer Verstand ratterte, kombinierte, wog ab, was er gerade gehört hatte. Umsicht war nun gefragt, Klugheit und Kaltblütigkeit. Wie so oft galt es, die Dinge nicht zu über-, sie aber auch nicht zu unterschätzen.

Er setzte sich in seinem Büro an den Schreibtisch und griff zum Telefon.

„Pass auf, Krümmel", sagte er, ohne sich zu melden. „Kleiner Auftrag, den du heute noch erledigst. Ich will so gut wie alles über eine gewisse Martha Grimm erfahren. Sie wohnt wohl in der Seniorenresidenz ‚Goldener Herbst' …

Ja, genau ... Grimm, wie diese Märchenheinis. Sie darf auf keinen Fall mitkriegen, dass du sie ausschnüffelst, verstanden? Rapport so schnell wie möglich, Honorar bar auf die Kralle. Ciao."

Silvio Sforza legte auf, lehnte sich in seinem Ledersessel zurück und sah hinauf zur Decke. Ihr Weiß beunruhigte ihn. Auf einem solchen Weiß sah man jeden noch so kleinen Fleck. Er hatte gedacht, völlig auf der sicheren Seite zu sein. Auf der weißen Decke entdeckte er erstaunlich viele schwarze Punkte. Fliegendreck? Man war doch nie auf der sicheren Seite.

Eigentlich hatte er geplant, den Dingen einfach ihren Lauf zu lassen. Jetzt überlegte er, ob es nicht besser wäre, der Sache etwas nachzuhelfen.

*

Kurt Schweiger hatte die schlechte Nachricht erst gar nicht verstanden.

„Tot?", sagte er. „Aber ich habe ihn doch vorgestern noch gesehen. Mit seiner Dogge. Wieso tot?"

„Weil man ihn umgelegt hat." Hugo Krümmel schüttete den Whisky nur so in sich hinein. „Gestern Abend. Erschossen. Ihn und seinen Köter. Die ganze Stadt redet davon."

„Mit mir redet die Stadt nicht", sagte Kurt Schweiger. Er spürte eine große Leere. Eine große Stille, die in seinem Kopf hämmerte. Die Gedanken, die Energie, der Antrieb der letzten fünfhundert Tage waren von einem Moment auf den anderen verschwunden. Und jetzt?

„Und jetzt?", fragte er.

„Hast du ein Problem weniger. Dir ist jemand zuvorgekommen."

„Ich habe tausend Probleme mehr. Wer war es?"

„Keine Ahnung. Wahrscheinlich die Konkurrenz. Oder einer aus der Familie. Du weißt doch, wie es bei diesen Mafiabrüdern zugeht."

„Ausgerechnet jetzt", sagte Kurt Schweiger. „So kurz vor dem Ziel."

„Na und? War es dir wirklich so wichtig? Der Dreckskerl ist tot, und du hast dir nicht mal die Hände schmutzig gemacht."

„Ich habe für nichts anderes gelebt. Seit fünfhundert Tagen habe ich nur noch daran gedacht."

„Diesen Tick mit den Tagen hast du ja immer noch."

Kurt Schweiger ging nicht darauf ein.

„Fünfhundert Tage habe ich mir ausgemalt, wie es sein wird, wenn er erfährt, dass ich zurück bin. Wenn er erfährt, dass ich noch lebe. Wenn ihm klar wird, warum ich zurückgekommen bin. Wenn er begreift, was das für ihn bedeutet. Ich wollte ihn zappeln lassen, verstehst du? Kennst du den ‚Graf von Monte Christo'?"

„Nee. Ich kenn überhaupt keine Adeligen."

„Das ist ein Roman, Hugo. Ein Buch über die Rache. Über die Kunst, Rache zu zelebrieren. Die Rache als ein Fest. Rache kann ein Leben krönen. Aber das verstehst du nicht."

„Du warst schon immer ein Spinner. Ein Schöngeist und Phantast. Das war es, was dir den Hals gebrochen hat, mein Freund. Du hast nie die Wirklichkeit sehen wollen. Luftschlösser hast du gebaut, bist Träumen hinterhergejagt. Und hast mich mit reingerissen. Zwei verpfuschte Leben. Das ist unsere Bilanz, oder?"

„Wenn du es so sehen willst. Ja, du hast recht, es war alles umsonst. Und nicht einmal meine Rache ist mir gegönnt."

„Und was ist mit Eugen Grob?"

Kurt Schweiger zuckte mit den Schultern.

„Er ist die weitaus kleinere Hälfte des großen Plans. Aber ja, er wird seinen Teil abbekommen."

„Und dann", sagte Hugo Krümmel, „verschwindest du aus meinem Leben. Die letzten Tage haben mich mehr Nerven gekostet als die letzten zwanzig Jahre. Und das will schon was heißen. Tauchst hier urplötzlich auf und machst mich wieder zum Komplizen. So wie damals."

„Weil du käuflich bist, Hugo, damals wie heute", antwortete Kurt Schweiger spöttisch. „Fürs liebe Geld tust du alles, nicht wahr?"

„Arschloch!"

„Spiel dich nicht so auf. Du bist nicht besser als ich. Damals wolltest du unbedingt mitmachen, als du gesehen hast, wie leicht es geht. Und jetzt? Die Gier in deinen Augen, als ich dir die Scheine hingelegt habe. Auf seine alten Tage bekommt Krümmel, der armselige Privatdetektiv, noch einmal fett Kohle. Du hast keine Sekunde gezögert, zum Komplizen zu werden. Also halt die Klappe."

Hugo Krümmel sah ihn durch die dicken Brillengläser mit seinem flackernden Säuferblick an wie ein geprügelter Hund.

„Okay, okay, Friede und Freundschaft. Aber mich würd' eigentlich schon noch interessieren, wo du die Kohle eigentlich herhast. Kommst als Tippelbruder hier reingeschneit und ziehst 'nen Packen Geld aus der Tasche."

„Ich erzähl dir eine Geschichte, Hugo. Eine Fabel von Äsop. Zwei Frösche fallen in einen großen Topf mit Milch. Erst schmeckt ihnen die Milch, dann stellen sie fest, dass sie nicht mehr herauskommen. Die Wände des Topfes sind zu glatt und zu hoch. Sie rutschen immer wieder ab. Verzweifelt strampeln sie Stunde um Stunde, bis der eine Frosch aufgibt. Elendiglich ersäuft er in der Milch. Der andere Frosch aber strampelt und strampelt und strampelt. So lange, bis die Milch anfängt, zu Butter zu werden. An den festen Butterbrocken kann er sich abstoßen und aus dem Topf herausspringen. Ich hab gestrampelt, mein Freund, ich hab gestrampelt ohne Ende, um aus der Scheiße herauszukommen. Fünfhundert Tage lang."

„Und wieso kreuzt du hier noch als Landstreicher auf, setzt dich auf die Straße und spielst Mundharmonika?"

„Weil ich zweitausend Tage ein Landstreicher gewesen bin. Einer von ganz unten. Ich wollte Schweinfurt aus der Perspektive sehen, die ich so lange gewohnt war. Man sieht von unten alles anders. Weißt du, ich bin dagesessen, und niemand hat mich erkannt. Nenn es einfach Nostalgie."

„Du bist wirklich ein Spinner, Kurt. Und ich will dir was sagen: Ich glaub dir kein Wort von deiner Gute-Nacht-Geschichte. Du bist kein Frosch. Du bist eine Ratte. Hast du doch damals immer selbst gesagt: Wir sind von der Katze zur Ratte mutiert. Ja, wir sind beide Ratten. Wir sind es damals geworden, und wir sind es immer noch. Ich verwette meinen Arsch darauf, dass du dieses Geld nicht auf ehrliche Weise in die Finger gekriegt hast. Stimmt's?"

Kurt Schweiger grinste. „Is doch scheißegal. Ich hab dich bezahlt, du hast mir geholfen, wir sind quitt. So, und jetzt würd' ich mich gern verwandeln."

„Es liegt alles nebenan. Wäsche, Klamotten, was du so brauchst. Die Waffe wird dir gefallen."

Das Telefon läutete. Hugo Krümmel nahm ab und hörte zu. Dann legte er wieder auf.

„Arrogantes Arschloch", sagte er.

„Wer denn?"

„Silvio Sforza. Redet mit mir, als ob ich der letzte Dreck wäre."

„Sforza, der Anwalt? Gibt's den auch noch?"

„Ja. Er hat inzwischen graue Schläfen und fährt einen Riesenschlitten. Und war bis gestern der Anwalt von Maureso."

„Das war er doch damals schon."

„Tja, so was nennt man Treue", sagte Krümmel. „Er hat sich aber aus allem fein rausgehalten, seit Maureso zurückgekommen ist. Spielt bis heute den Edeladvokaten. Übrigens ist er der Sozius von Grob in einer gemeinsamen Kanzlei. Ich glaube, er hat etliche Leichen im Keller. Sein Sohn ist im Frühling unter dubiosen Umständen ums Leben gekommen.* An der Geschichte ist was faul, sag ich dir. Es gab da zwei verschwundene Kinder, deren Leichen im Steigerwald gefunden wurden. Eine grausige Angelegenheit. Sforzas Sohn hing in der Sache mit drin. Und ich denke, der schnöselige Silvio hat selber so richtig Dreck am Stecken."

„Du kannst's nicht lassen, oder?"

„Was denn?"

„Das Schnüffeln."

„Nein, kann ich nicht. Ich wollt' ja schon als Kind Detektiv werden. Aber bei der Kripo war's schöner."

„Tempi passati", erwiderte Kurt Schweiger. „Doch zurück zu Eugen Grob. Du hast gesagt, du wüsstest, wo ich an ihn rankomme?"

„Ja, das ist 'ne ziemlich einfache Kiste", sagte Hugo Krümmel. „Pass auf …"

★

* Siehe „Walpurgisnacht" (Schweinfurter Kriminalroman 3)

„Wieso braucht ihr eigentlich 'nen Schnaps?", fragte Joe. „Mitten am Tag? Is was passiert?"

„Es hängt damit zusammen", sagte Blacky.

„Womit?"

„Mit ihm."

„Mit wem?"

„Mit Drogenkurt."

„Aha." Joe, der Barista, blickte verständnislos von einem zum andern. „Und wieso?"

„Weil …" Blacky brach ab und sah Lothar an. „Sag's du ihm."

„Warum ich?"

„Weil ich nicht die richtigen Worte finde."

„Wenn ihr's weiter so spannend macht", drohte Joe, „müsst ihr noch 'ne Tasse Schnaps trinken. Das lockert die Zungen."

„Dann schenk schon mal nach", sagte Lothar. „Wir in Irland kommen auch erst nach dem zweiten Doppelten ins Reden."

„Das sind keine Doppelten", erklärte Joe. „Das sind Vierfache."

„Auch recht." Lothar trank die Tasse leer, hielt sie Joe hin und wartete, bis er die Flasche von der Theke geholt und nachgefüllt hatte.

„Also", begann er dann. „Es war eine Frau im Spiel. Natürlich war auch eine Frau im Spiel."

„Klar", sagte Joe. „Es ist immer eine Frau im Spiel. Im Film wie im richtigen Leben."

„Sie hat ihn verlassen."

„Klar hat sie ihn verlassen. Sie ist ja eine Frau. Wen hat sie verlassen? Blacky?"

„Nein", sagte Lothar geduldig. „Umgekehrt. Sie hat Drogenkurt verlassen. Nachdem das alles passiert war."

„Und was heißt umgekehrt?"

„Sag's du ihm", forderte Lothar Blacky auf. „Es war deine Baustelle."

„Na ja ..." Blacky suchte nach richtigen Worten. „Ich hab dann was mit ihr angefangen. Oder sie mit mir. Wie man's nimmt. Also, wir hatten dann halt was miteinander."

„Mensch ..." Joe suchte nach Worten. „Du warst doch damals ein junger Spund. Ein Milchbubi."

„Das war ich nicht", sagte Blacky empört. „Ich war schon fast erwachsen. Und sie war ja auch nicht viel älter."

„Wer war sie denn überhaupt?"

„Manu? Sie war die Tochter des damaligen Chefs der Kriminalpolizei."

„Ach du Scheiße." Joe griff nach der Flasche. „Jetzt trink ich auch 'nen Schnaps."

„Ja, das war schon lustig", sagte Lothar. „Der erfolgreiche Drogenfahnder Kriminalhauptkommissar Kurt Schweiger hat ein Verhältnis mit der minderjährigen Tochter seines Chefs. Dann kommt's zur Katastrophe. Na gut, das war dann nicht mehr lustig. Kurt Schweiger ist monatelang außer Gefecht gesetzt, als er zurückkommt, sieht er schlimmer aus als Frankensteins Monster. Es ist der kleinen Manuela nicht zu verdenken, dass sie 'nen Rückzieher macht. Ziemlich zur gleichen Zeit läuft ihr Blacky über den Weg. Tja ... ce la vie."

„Ja, und dann? Wie ging's weiter?"

„Mit Manu und mir?", fragte Blacky. „Ach, das hielt nur ein knappes Jahr. Dann war's vorbei. Wir waren ja noch so jung. Drogenkurt war natürlich stinksauer. Aber was wollte er machen? Und dann ist er verschwunden. Von einem Tag auf den anderen."

„Ein ungelöstes Rätsel bis heute", meinte Joe.

„Wie man's nimmt." Lothar hatte die Tasse schon wieder halb geleert. „Es wurde doch genug gemunkelt. Drogenkurt hatte wohl keinen Bock mehr auf irgendwas – was man verstehen kann –, schaffte eine Unmenge Heroin beiseite … also, um es auf Deutsch zu sagen: klaute es seinen eigenen Leuten unter den Fingern weg … und verduftete damit in die große weite Welt."

„Es hieß, er hätte schon vorher mit dringesteckt in dem ganzen Geschäft", sagte Blacky. „Aber das ist dann alles vertuscht worden. Man hat fein säuberlich den Mantel des Schweigens darübergedeckt."

„Und jetzt ist er also wieder da?", fragte Joe.

„So sieht es aus."

„Und warum erschreckt euch das so?"

„Wer sieht schon gern einen Geist aus der Vergangenheit?", sagte Blacky. „Außerdem verfolgt und bedroht mich jemand seit Tagen und zersticht mir die Autoreifen. Ich frag mich, ob Drogenkurt da seine Finger mit im Spiel hat. So als eine Art späte Rache, versteht ihr?"

Joe nahm einen großen Schluck und wiegte den Kopf hin und her.

„Es gibt nix, was es net gibt", sagte er.

Lothar nahm einen letzten Schluck und schüttelte den Kopf.

„Das glaube ich nicht", sagte er. „Aber wir sollten ihn uns schnappen. Irgendwo muss er ja sein."

13

Huong tat sich schwer. Es war nicht die deutsche Sprache, mit der sie kämpfte. Sie rang mühsam nieder, was ihr mit der Muttermilch eingeflößt und später immer wieder eingetrichtert worden war: Zurückhaltung, Diskretion, Uneindeutigkeit. Sie sprach etwas aus, was sie nie hätte sagen dürfen. Sie vertraute sich einer Frau an, die nicht zur Familie gehörte. Und sie versuchte in klare Worte zu fassen, was in ihrer Kultur traditionell in blumigen Bildern umschrieben worden wäre.

Sie hatte nach dem Satz von Martha Grimm „Es geht um Ihren Mann, nicht wahr? Er hat ein Problem" die Augen niedergeschlagen und gefragt: „Woher wissen Sie?"

„Der Mann mit den grauen Haaren, der bei Ihnen war", sagte Martha Grimm. „Ihr Mann hat Angst vor ihm. Warum?"

Huong zögerte lange. Am liebsten wäre sie weggelaufen. Was tat sie hier? Wie sollte sie etwas erklären, was nicht zu erklären war? Es war alles so kompliziert. Und gefährlich. Hüte deine Zunge, hatte ihr der große Onkel geraten, sei vorsichtig in allem, was du tust. Ich will dir helfen, hatte er gesagt, um deine Familie zu retten, aber du musst vorsichtig sein.

„Er ist sein Kommandant", erklärte sie schließlich. „Mein Mann muss gehorchen."

„Kommandant?"

„Ja. Seit dem Krieg."

„Aber der Krieg ist lang vorbei."

„Schreckliches ist geschehen", sagte Huong. „Es gibt noch viel Hass. Die alte Schlange ist erwacht."

„Die alte Schlange? Was heißt das?"

„Der Hass hat lange geschlafen. Er nun wieder wach."

„Ja", sagte Martha Grimm ratlos. „Und was möchten Sie von mir?"

„Sie mir helfen. Sie sind Polizistin."

„Ich war Polizistin." Ein Eingeständnis, das Martha Grimm nur ungern und selten machte. Doch vor der kleinen Frau mit dem verhärmten Gesicht konnte sie nicht auftrumpfen und alte Geschichten zum Besten geben. Denn offensichtlich hatte die Vietnamesin eine alte Geschichte zu erzählen. Eine Geschichte, die ihr kaum über die Lippen kommen wollte.

„Ich bin schon lange nicht mehr im Dienst."

„Das macht nichts. Sie haben viel Erfahrung. Sind sehr klug. Sehen alles. Ich muss meinen Mann aufhalten. Damit er nicht tut Böses. Sie sollen warnen anderen Mann."

„Welchen anderen Mann denn?"

„Ich weiß nicht richtig", sagte Huong kleinlaut. „Das ist Problem."

„Ich glaube, Sie müssen mir noch viel erklären. Ich verstehe nicht, um was es geht."

„Ich kann nicht erklären viel. Ich nur wenig wissen."

„Dann sagen Sie mir, was Sie wissen."

Huong blickte sich vorsichtig nach allen Seiten um. Ihre Nervosität hatte jedes Bemühen verdrängt, keine Gefühlsregungen zu zeigen. Martha Grimm konnte die Anspannung sehen, die Aufregung und die Angst.

„Mein Mann war im Krieg Soldat", begann sie. „Ich erst jetzt erfahren, dass er war bei einer besonderen Gruppe. Geheime Gruppe."

„In der südvietnamesischen Armee?"

„Ja. Geheime Gruppe hat gekämpft gegen wichtige Leute von Vietcong, Kommunisten aus dem Norden. Offiziere und Politiker. Hat diese Leute umgebracht. Mein Mann hat auch Leute umgebracht. Er war ein Killer."

Das waren die Worte des großen Onkels gewesen: Dein Mann war ein Killer.

„Es war Krieg", sagte Martha Grimm. „Ein schrecklicher Krieg. Es hat auf beiden Seiten solche Killerkommandos gegeben."

„Ja, und nach dem Krieg mein Mann konnte gehen nach Amerika. Aber viele seiner Kameraden wurden gefangengenommen von Vietcong nach Sieg der Kommunisten. Kamen in Lager. Ganz furchtbar. Wurden gefoltert, manche getötet. Schlange wurde geboren. Schlange des Hasses. Manche Kameraden kamen nach Deutschland, so wie mein Mann. Gruppe von früher besteht noch. Wollen Rache. Immer wenn alte Schlange erwacht, sie machen Rache. Kommandant befiehlt. Wie früher. Einer muss gehorchen."

„Heißt das, sie rächen sich an ihren Peinigern von früher?"

„Ja. An denen, die Kameraden gequält und getötet haben. Ich das nicht gewusst. Jetzt erst erfahren."

„Von wem?"

„Das ich nicht darf sagen."

„Vielleicht vom großen Onkel?", fragte Martha Grimm.

Huong schlug entsetzt die Hand vor den Mund.

„Sie alles wissen", sagte sie dann ehrfurchtsvoll.

„Nicht alles. Aber ich habe meine Ohren überall. Die Schlange ist also erwacht. Und Ihr Mann hat von seinem alten Kommandanten den Befehl erhalten, Rache zu üben?"

„Ja."

„Er soll jemand töten?"

„Ja. Er ist immer noch ein Killer."

„Und Sie wollen das verhindern?"

„Ja. Er sonst bringt uns alle ins Unglück. Ganze Familie. Ich nicht wollen, dass mein Mann tötet anderen Mann."

„Wer ist dieser andere Mann?", fragte Martha Grimm.

„Das ist Problem. Ich weiß nicht richtig. Großer Onkel hat gesagt, wenn Kommandant kommt und mein Mann geht auf Knie vor ihm, dann mein Mann hat erhalten Auftrag. Mein Mann sehr verändert seit zwei Tagen. Heute er war weg. Weiß nicht, wo. Er sonst nie weg."

„Das hört sich schwierig an", seufzte Martha Grimm. „Wie soll ich jemanden warnen, wenn ich nicht weiß, wer es ist? Kann ich vielleicht mit dem großen Onkel sprechen?"

Huong schlug wieder die Hand vor den Mund.

„Nein, nein, nein. Es ist unmöglich. Ich verlieren mein Gesicht und meine Ehre, wenn großer Onkel und mein Mann erfahren, dass wir gesprochen."

Martha Grimm steckte den letzten Bissen der Chilibratwurst in den Mund und kaute langsam und nachdenklich.

„Gut", sagte sie schließlich, „ich werde schauen, was ich tun kann. Beobachten Sie Ihren Mann. Ich gebe Ihnen meine Handynummer. Wenn Ihnen etwas auffällt, rufen Sie mich an. Und wenn ich etwas weiß, komme ich in den ‚Happy Wok' und gebe Ihnen ein Zeichen. Wollen wir es so machen?"

„Ja", sagte Huong. „Aber ich habe Angst."

Sie faltete die Hände vor der Brust und verbeugte sich. Dann eilte sie davon.

Martha Grimm kramte ihr Handy aus der Handtasche und wählte die Nummer der Schweinfurter Polizeidirektion.

„Können Sie mich bitte mit Herrn Kriminalkommissar Römer verbinden", sagte sie. „Es ist dringend."

★

Blacky und Lothar hatten sich getrennt und durchkämmten auf wackeligen Beinen noch einmal die Innenstadt. Sie horchten, ob irgendwo der heisere Ton einer Mundharmonika zu hören war, und sie fragten immer wieder Passanten nach dem Bettler, der tagelang auf dieser Mundharmonika gespielt hatte. Niemand hatte ihn mehr gesehen, keiner wusste, wo er war.

Zum wiederholten Male streifte Blacky über den Marktplatz. Plötzlich stand Martha Grimm vor ihm.

„Hallo Blacky", sagte sie. „Auch noch unterwegs? Warum haben Sie so ein gerötetes Gesicht? Haben Sie etwas getrunken? Aber gut, dass ich Sie treffe. Da spare ich mir den Anruf. Ich muss Sie nämlich etwas fragen."

„Bestimmt geht's wieder um meine unbekannte Verehrerin", antwortete Blacky lustlos. Allmählich verstand er Kerstin Weiß' Klagen über ihre Großmutter besser. Sie konnte eine echte Klette sein, rief mindestens zweimal am Tag an, war vor Tatendrang nicht zu bremsen, verbreitete sich ausführlich über das Wesen von Stalkerinnen und war dabei noch keinen Zentimeter weitergekommen. Einerseits fand Blacky ihren Aktionismus rührend, andererseits war es des Guten einfach zu viel.

„Sie sollten das nicht so verharmlosen", rügte Martha

Grimm. „Das ist keine Verehrerin, sondern eine gestörte Persönlichkeit. Wer weiß, wozu sie fähig ist. Gibt es eigentlich etwas Neues?"

Blacky überlegte, ob er ihr die Ereignisse des Tages verschweigen sollte. Aber dann dachte er an Kerstin Weiß, die ihm am Abend zuvor gesagt hatte, er solle ihre Großmutter ruhig ausgiebig mit dieser Sache beschäftigen, weil sie ihr dann anderweitig nicht auf die Nerven gehen würde. Also berichtete er von den zerstochenen Reifen, der Person an seiner Wohnungstür und der Voodoopuppe. Martha Grimms Begeisterung kannte kaum Grenzen.

„Eine Voodoopuppe", rief sie. „Interessant. Hochinteressant. Mit drei Nadeln. Ich würde mal sagen, damit ist Kerstin gemeint, nicht wahr?"

„Es spricht einiges dafür."

„Und diese Person ... Ist Sie Ihnen irgendwie bekannt vorgekommen?"

„Sie war sehr schnell", sagte Blacky. Dass er sehr langsam gewesen war, verschwieg er.

„Hm ..." Auf Martha Grimms Gesicht war ein Ausdruck aufgetaucht, den er nicht recht zu deuten wusste. Vielleicht war es ein spöttisches Lächeln.

„Sie wollten mich noch etwas fragen", sagte Blacky.

„Ach, nicht so wichtig. Ich will jetzt heim ... also ins Heim. Ich bin todmüde, es war ein langer Tag. Und ich muss noch nachdenken."

„Ja, dann ..." Blacky zögerte. „Also, ich kann Sie fahren, wenn Sie wollen. Mein Auto steht in der Tiefgarage unter dem Museum."

„Nein, nein, vielen Dank. Da vorne sind Taxis. Ich kann mir das leisten. Wissen Sie, ich verprasse nämlich mein

Geld. Hab doch keine Lust, dass bei meiner Beerdigung alle nur an die Erbschaft denken."

Sie tätschelte, wie es ihre Gewohnheit war, Blacky den Arm und ging mit kleinen Schritten über den Marktplatz zum Taxistand. Aus der Keßlergasse tauchte Lothar auf.

„Keine Spur", sagte er. „Komisch, den Typen seh ich nicht, und andere seh ich doppelt. Ich glaub, ich muss vor meiner Rückreise noch zum Augenarzt. Dich seh ich übrigens auch doppelt."

„Ja", meinte Blacky. „Mit dem Alter werden die Augen schlechter."

Sein Handy klingelte.

„O nein, was will Oma Grimm schon wieder?" Er nahm den Anruf an.

„Hallo Blacky? Ich habe doch noch eine Frage … Was hatte diese Person vor Ihrer Haustür denn eigentlich an?"

„Eine Jeans und einen blauen Anorak", sagte Blacky.

„Aha", sagte Martha Grimm. „Aha." Dann legte sie auf.

„Das Alter ist kein leichter Lebensabschnitt", meinte Blacky. „So, und jetzt?"

„Jetzt geh'n wir zu dir", schlug Lothar vor, „der Nachmittag sinkt hernieder, es geht auf Gin o'clock zu, wie wir in Irland sagen. Es darf aber auch ein schöner Whisky aus deiner exquisiten Kollektion sein."

„Bist du wahnsinnig? Wir sind doch jetzt schon blau. Und ich muss um halb vier aus dem Bett."

„Ein Stündchen noch, okay? Am Ende dieses denkwürdigen Tages müssen wir über alte Zeiten plaudern. Über Manu und die anderen Mädels. Über die Zeiten, als wir jung waren."

„Wenn's sein muss", stöhnte Blacky.

Sie staksten mit großen Schritten über den Marktplatz hinüber zum Zürch. Über der Frauengasse lag bereits der frühe Abend.

★

Wie immer, wenn Martha Grimm im Foyer der Seniorenresidenz *Goldener Herbst* auf dem Weg zum Aufzug war, blieb sie stehen und sprach ein paar aufmunternde Worte zu den Zimmerpalmen, die dort ihr Dasein fristeten.

„Na, ihr Armen", murmelte sie. „Hattet ihr einen halbwegs schönen Tag? Draußen schien heute Nachmittag die Sonne, die hätte euch auch gutgetan."

Sie war davon überzeugt, dass die Palmen Heimweh hatten. Palmen gehörten nicht nach Deutschland, sie hatten hier nichts verloren. Es war ihnen zu kalt. „Palmen sind eigentlich Migranten, die bei uns nie richtig heimisch werden", pflegte sie zu sagen. Andere Bewohner der Seniorenresidenz tippten sich dann heimlich an die Stirn.

Ein kühler Luftzug streifte durchs Foyer. Hinter ihr war die Eingangstür wieder geöffnet worden. Ein Mann kam herein, den sie hier noch nie gesehen hatte. Auf Anhieb mochte sie sein großkariertes Sakko nicht. Er hatte einen müden, schlurfenden Gang, hinter der verbogenen Brille blinzelten nervöse Augen. Als er sie sah, schien er kurz zu überlegen. Dann blieb er vor ihr stehen.

„Entschuldigung", sagte er. „Gibt's hier so 'ne Art Sekretariat?"

Schon wieder diese Schweinfurter Unsitte, grußlos ein Gespräch zu beginnen.

„Guten Abend", erwiderte Martha Grimm höflich. „Es gibt ein Verwaltungsbüro. Aber da ist um diese Zeit niemand mehr."

„Ach so." Der Mann wirkte unschlüssig. Sein Gesicht war graugelb. Wahrscheinlich hatte er ein Magenleiden.

„Kann ich Ihnen helfen?"

„Weiß nicht." Er fuhr sich mit der Hand durch sein schütteres Haar. „Ich bräuchte so 'ne Art Auskunft."

„Was wollen Sie denn wissen?"

Wieder schien er zu überlegen. Er kratzte sich am schlecht rasierten Kinn. Martha Grimm beobachtete ihn genau. Sie kannte diesen Typ von Mann. Sie konnte seine Profession förmlich riechen. So wie sie einen Staubsaugervertreter sofort erkannte, wenn er nur aus dem Auto stieg, erkannte sie einen Schnüffler, sobald er in ihrem Dunstkreis auftauchte.

„Na ja", sagte er zögernd, „kennen Sie vielleicht eine Heimbewohnerin mit Namen Martha Grimm?"

„Natürlich", flunkerte Martha Grimm. „Sie wohnt im dritten Stock. Ich wohne im zweiten. Was wollen Sie denn von ihr?"

„Von ihr eigentlich gar nichts. Ich bräuchte … ein paar Informationen über sie."

„Informationen?"

„Also, es ist so …" Der Mann schien Zutrauen zu gewinnen. „Ich bin beauftragt, einige Erkundigungen einzuziehen. Es geht um eine Verwandte, die erbberechtigt ist und die gute Tante Martha aber gar nicht weiter kennt. Sie möchte ein paar Dinge über sie erfahren, nichts Aufregendes im Grunde … ihre Lebensumstände, von wem sie Besuch bekommt, wie es ihr geht und so weiter …"

Martha Grimm bemühte sich um ein sehr schlaues Gesicht.

„Sind Sie so 'ne Art Privatdetektiv?"

„Kann man so sagen."

„Ich wollte schon immer mal einen Privatdetektiv kennenlernen. Wissen Sie, ich lese gerne Krimis, und da gibt es ja so ausgebuffte Privatdetektive ... Sam Spade und Philip Marlowe. Die sind mir übrigens lieber als Sherlock Holmes. Der ist arrogant, aber Spade und Marlowe sind harte Jungs. Die mag ich. Sind Sie auch so ein harter Typ?"

„Eher nicht", sagte der Mann und lächelte zum ersten Mal. „Aber zurück zur lieben Frau Grimm. Was weiß man denn so über sie?"

Mit Speck fängt man Mäuse, dachte Martha Grimm, legen wir also mal eine ordentliche Portion davon aus.

„Eigentlich weiß ich nichts", antwortete sie. „Nur, dass sie immer sehr allein ist. Dass kommt aber davon, dass sie spinnt."

„Spinnt?"

„Na, sie erzählt ständig wirre Geschichten. Seit gestern behauptet sie zum Beispiel, sie habe einen Mord gesehen. Das muss man sich vorstellen ... einen Mord. Sie schwafelt davon, ein Mann habe einem andern mitten ins Gesicht geschossen. Und dann noch seinen Hund getötet. Eine Dogge. Hier in Schweinfurt. Sie hat schon eine blühende Phantasie, die Martha."

„Hochinteressant", sagte der Mann.

„Es gab doch gar keinen Mord, oder? In der Zeitung stand jedenfalls nichts. Ich les das Käsblatt jeden Tag."

„Ich glaube nicht. Und sonst? Was wissen Sie sonst noch über Frau Grimm?"

„Nichts. Wir wissen hier nicht so viel übereinander. Jeder ist mit sich selber beschäftigt, verstehen Sie? Wollen Sie später auch mal ins Heim?"

„Keine Ahnung. Wahrscheinlich werd' ich nicht so alt."
„Sie trinken und Sie rauchen. Stimmt's?"
„Ja."
„Dann werden Sie uralt, ich schwör's Ihnen. Jetzt muss ich aber hoch. Bald gibt es Abendessen. Wollen Sie nicht mit der Frau Grimm selber sprechen? Sie kommt bestimmt zum Essen. Heute gibt es Bratwurst mit Kartoffelbrei."

„Ich muss erst mit meiner Klientin Rücksprache nehmen", sagte der Mann. „Sie würden mir einen großen Gefallen tun, wenn Sie Frau Grimm nichts von unserem Gespräch erzählen würden."

„Ich? Um Gottes willen. Ich red' doch gar nicht mit der. Die ist mir viel zu senil."

„Also gut." Der Mann lächelte zum zweiten Mal. Sein magenkrankes Gesicht war im Lächeln jedoch nicht geübt. Deshalb sah er dabei traurig aus. „Danke für die Informationen."

„Bitte, bitte." Martha Grimm ging zum Aufzug und drückte demonstrativ den Knopf für den zweiten Stock. Aber der Mann hatte sich schon abgewandt und verließ die Seniorenresidenz mit schlurfenden Schritten.

„Was für ein Tag", murmelte Martha Grimm, als sie nach oben fuhr. „Mein armer Kopf. Jetzt 'nen Schnaps und dann nachdenken, nachdenken, nachdenken."

Draußen hatte derweil Hugo Krümmel schon sein Handy aus der Tasche gezogen und die Nummer von Silvio Sforza gewählt.

14

Mit schwerem Kopf saß Blacky im Studio, verfluchte den vorherigen Abend, Lothar und den Whisky, hörte verdrossen *Broken Wings* von Mr Mister zu und wartete auf den Anruf von Saskia Schmitt.

Ein paar Minuten vorher hatte ihm Sören mitgeteilt, dass die Polizeisprecherin sich mit einem Aufruf zur Mithilfe an die Bevölkerung wenden wolle und darum gebeten hatte, *on air* genommen zu werden.

„Du siehst übrigens verdammt scheiße aus", hatte ihm Sören bei der Gelegenheit an den schweren Kopf geworfen.

„Halt die Klappe, Fischkopf", war seine einzige Antwort darauf gewesen.

„Ich bin dann auch bald weg", hatte Sören gesagt. „Mein Zug geht schon um zehn."

„Warum hat das Zeug, das ihr zu eurem bescheuerten Grünkohl esst, eigentlich so 'nen widerlichen Namen?"

„Pinkel?"

„Genau. Pinkel."

„Das weiß keiner so richtig. Ist aber ein Gedicht."

„Unter Lyrik versteht eben jeder etwas anderes", hatte Blacky gebrummt, und Sören hatte sich wieder an den Redaktionsschreibtisch verzogen.

Die weiße Lampe neben dem Mikrofon blinkte und zeigte stumm einen Telefonanruf an. Es war Saskia Schmitt.

„Morgen", knurrte Blacky.

„Guten Morgen, Herr Schwarz." Die Stimme der Polizeisprecherin klang langsam, aber ausgeschlafen. „Ich freue mich, dass wir zusammenarbeiten."

Blacky stutzte. So etwas hatte Saskia Schmitt noch nie gesagt. Normalerweise freute sie sich überhaupt nicht über Arbeit.

„Ich bin auch begeistert", antwortete er. „Wir machen das wie immer: Ich lasse den Musiktitel auslaufen, begrüße Sie on air, und Sie schießen los."

„Ich hab doch gar keine Pistole", kicherte Saskia Schmitt.

Dumme Gans, dachte Blacky, fadete *Broken Wings* aus und zog den Mikrofonregler hoch.

„Am Telefon begrüße ich aus aktuellem Anlass jetzt Saskia Schmitt, die Sprecherin der Schweinfurter Polizei. Guten Morgen, Frau Schmitt …"

„Guten Morgen."

Nichts weiter. Stille. Sendeloch. Schlimmer Fehler.

„Frau Schmitt", sprang Blacky in die Bresche. „Sie wollten unseren Hörern etwas mitteilen."

„Ja, richtig. Ich habe nur nach meinem Blatt Papier gesucht."

Saskia Schmitt holte tief Luft.

„Also, es geht darum, dass sich vorgestern am frühen Abend in Schweinfurt ein Tötungsdelikt sozusagen ereignete. Zu Tode kamen eine Dogge und ein hiesiger Gastronom. Das Ereignis fand bei einbrechender Dunkelheit im Schwarzen Weg statt. Beide Opfer wurden erschossen, wobei es sich bei dem Tod des Hundes nicht um ein strafrechtlich relevantes Vorkommnis handelt. Sehr wohl aber bei dem Tod des Mannes. Die Kriminalpolizei bittet die Bevölkerung um

Mithilfe bei der Aufklärung des Verbrechens. Insbesondere werden alle diejenigen gebeten, sich zu melden, die in der Umgebung des Schwarzen Wegs etwas Verdächtiges bemerkt, gesehen oder gehört haben. Jede noch so kleine Einzelheit kann von Bedeutung sein. Wir bedanken uns für Ihre Mithilfe."

Saskia Schmitt hatte den Text mühsam und mit schleppender Stimme vorgelesen, und Blacky hatte die Augen dabei verdreht. Wie prägnant und eloquent war doch Kerstin Weiß früher gewesen, als sie die Funktion der Pressesprecherin innehatte. Und jetzt dieser gedrechselte, nichtssagende Wortquark.

„Das war Saskia Schmitt, Pressesprecherin der Schweinfurter Polizei", beendete er das Ganze kühl, startete den nächsten Musiktitel und trennte die Telefonverbindung. Er hatte keine Lust, mit Saskia Schmitt noch überflüssige Konversation zu betreiben. Stattdessen wählte er die Nummer von Kerstin Weiß. Sie war sofort am Handy.

„Hast du's gehört?", fragte er.

„Ja."

„Peinlicher Auftritt, oder?"

„Was will ich machen? Das Personal ist knapp. Wir kriegen keinen Ersatz für sie."

„Kommt ihr wenigstens in dem Fall voran? Gibt es schon Erkenntnisse?"

„Ehrlich gesagt, nein. Die Rechtsmedizin hat bestätigt, dass es drei Schüsse mitten ins Gesicht waren. Die Tatwaffe war eine ganz normale Walther, nichts Außergewöhnliches."

„Und man hat ihm tatsächlich dreimal ins Gesicht geschossen? Interessant."

„Wieso interessant?"

„Du, ich bin mitten in der Sendung, gleich kommen die Verkehrsmeldungen. Aber ich muss dir unbedingt was erzählen. Hast du am späten Vormittag Zeit?"

„Eigentlich nicht."

„Und uneigentlich?"

„Ein paar Minuten. Kannst du in die Dienststelle kommen?"

„Klar."

„Okay, dann bis später."

Blacky beendete um zehn Uhr seine Sendung, übergab das Mikrofon an Brigitte Scheuble, kochte sich seinen obligatorischen Darjeelingtee und traf im Konferenzraum auf eine übelgelaunte Chefin vom Dienst.

„Wie geht's deinem Schnupfen?", fragte er.

„Beschissen", sagte Patricia. „Außerdem find' ich's beschissen, dass du Sören einfach freigegeben hast."

„Hab ich doch gar nicht."

„Er hat mir gesagt, du hättest ihm erlaubt, nach Hause zu fahren."

„Ja, am Wochenende. Dass er jetzt schon verschwindet, wusste ich nicht."

„Volontäre", seufzte Patricia. „Sie machen, was sie wollen. Außerdem war er für die Schlachtschüssel heute Abend eingeteilt."

„Die übernehme ich."

„Hat sich erledigt."

„Wieso?"

„Olaf hat angerufen. Er geht selber hin."

„Er ist doch auf Reha", sagte Blacky.

„Er darf für einen Abend weg. Er kann auch schon ohne Krücken laufen, hat er gesagt."

„Schön für ihn. Ich möchte aber auch zu der Schlachtschüssel. Hab's mir jetzt so eingeplant."

„Geht leider nicht. Diese Martinsschlachtschüssel ist so exklusiv, dass wir nur eine Einladungskarte bekommen haben."

„Ja, aber auf der Einladungskarte steht doch mit Begleitung", wandte Blacky ein. „Dann bin ich halt einfach Olafs Begleitung, auch wenn es mir schwerfällt."

„Er hat schon eine Begleitung", grinste Patricia. „Valeria geht mit."

„Aber sie ist doch Veganerin."

„Sie will nur Sauerkraut essen, hat Olaf gesagt."

„Und hier hat sie gesagt, dass sie in Ohnmacht fällt, wenn sie Fleisch bloß riecht."

„Ich bin sicher, dann wird Olaf sich rührend um sie kümmern. Also, dann hast du heute einen freien Abend. Ist doch auch schön, oder?"

„Ist es nicht", grollte Blacky. „Ich will zu dieser verdammten Schlachtschüssel."

★

Nach so vielen Jahren hatte Hugo Krümmel die alten, fiesen Tricks einfach nur noch satt. Immer das gleiche Spiel: schummeln, lügen, täuschen. Es gab Tage, da glaubte er manchmal selbst an die Wahrheit seiner Lügen, weil sie ihm so flüssig von den Lippen kamen. Er hatte an diesem Morgen noch nicht einmal gefrühstückt, da spulte er schon wieder eine der bewährten Uralt-Nummern ab.

Den Auftrag hatte ihm Rechtsanwalt Silvio Sforza bereits in aller Früh am Telefon erteilt.

„Pass auf, Krümmel, du begibst dich wieder zu dem

Altersheim und überwachst diese Martha Grimm. Den ganzen Tag lang, wenn es sein muss. Ich will wissen, was sie macht."

„Was heißt überwachen?"

„Mein Gott, du bist doch vom Fach, oder? Beschatten, observieren, ausschnüffeln. Wenn sie Besuch bekommt, stellst du umgehend fest, wer dieser Besuch ist. Und wenn sie die Hütte verlässt, bleibst du ihr auf den Fersen. Verstanden?"

„Solche Jobs mach ich eigentlich nicht mehr."

„Schon klar. Aber ausnahmsweise, okay?"

Als Hugo Krümmel eine Stunde später die Seniorenresidenz *Goldener Herbst* betrat, stand die Frau mit den silbernen Locken schon wieder bei den Zimmerpalmen und sprach mit ihnen. Sie trug einen blauen Mantel und wandte ihm den Rücken zu; er schlich an ihr vorbei, weil er kein Interesse an senilem Geplauder hatte, und ging den Gang entlang, bis er die Tür mit der Aufschrift *Verwaltungsbüro* fand. Er klopfte, setzte ein geschäftsmäßiges Lächeln auf und trat ein. Die Sekretärin identifizierte ihn sofort als unliebsamen Störenfried.

„Ja?", sagte sie genervt.

„Ich will gar nicht lange stören", erklärte Hugo Krümmel mit verständnisvoller Stimme. „Aber bei Ihnen wohnt doch eine Frau Martha Grimm?"

„Solche Auskünfte darf ich nicht geben."

„Weiß ich doch. Es geht ja auch nur um eine Überraschung. Ich bin von der Presse, und Frau Grimm ist als Kandidatin für die Seniorin des Jahres nominiert worden."

„Hab ich noch nie was von gehört. Ausgerechnet die Frau Grimm."

„Sehen Sie", sagte Hugo Krümmel, „jetzt haben Sie mir ja schon verraten, dass Sie Frau Grimm kennen."

„Stimmt", erwiderte die Sekretärin überrumpelt. „Und was wollen Sie von ihr?"

„Ich will sie mir nur mal anschauen. Ohne dass sie was merkt. Es soll ja eine Überraschung werden. Aber ich muss sie wenigstens mal gesehen haben, bevor wir über sie schreiben. Wissen Sie, ob sie da ist?"

„Sie müssten sie eigentlich gesehen haben, als Sie hereingekommen sind. Gerade stand sie noch bei den Palmen und hat mit ihnen geredet. Das macht sie nämlich immer."

„Die Dame im blauen Mantel?", fragte Hugo Krümmel. „Mit den silbernen Locken?"

„Genau die. Wahrscheinlich ist sie jetzt schon auf Achse. Sie ist nämlich den ganzen Tag unterwegs. Hat Hummeln im Hintern, die gute Frau Grimm."

So ein Luder, dachte Hugo Krümmel, so ein ausgebufftes Luder. Er verabschiedete sich rasch und schlich zu den Zimmerpalmen zurück. Die alte Dame war nicht mehr da. Er eilte nach draußen und sah den blauen Mantel, der sich Richtung Innenstadt bewegte.

★

Phan Minh Trung sah Martha Grimm misstrauisch an, als sie bereits um zehn Uhr vormittags den *Happy Wok* betrat. Er war dabei, auf einem Stein ein großes Messer zu schleifen.

„Noch kein Essen", sagte er. „Zu früh."

„Vielleicht eine Tasse Tee?", fragte Martha Grimm. „Das macht doch keine Umstände, oder?"

Trung nickte und rief auf Vietnamesisch einige Worte im Befehlston. Er würdigte sie weiter keines Blickes und schliff sein Messer. Kurz darauf kam Huong hinter dem Vorhang hervor. Auf einem Tablett trug sie ein Teegeschirr. Sie stellte Kanne und Tasse vor Martha Grimm auf den Tisch und vermied es, ihr in die Augen zu schauen.

„Vielen Dank."

„Es ist grüner Tee", sagte Huong. „Ich hoffe, Sie mögen."

„Natürlich", erwiderte Martha Grimm. „Ich liebe grünen Tee. Er ist so anregend und klärt die Gedanken. Und er macht munter. Ich bin nämlich auf dem Weg zum Markt, und da brauche ich zwischendurch immer eine kleine Stärkung. Manchmal esse ich auf dem Markt dann noch eine Bratwurst."

Trung schien ihrem Geplapper keine Beachtung zu schenken. Immer wieder hob er das Messer gegen das Licht und prüfte, ob es gleichmäßig geschliffen war. Ein *Hōchō* konnte man nicht einfach mit dem Daumen prüfen, schon der geringste Druck auf die Klinge verursachte einen tiefen Schnitt.

„Ich verstehe", sagte Huong.

★

Seine Sekretärin war am Verzweifeln. Sie blätterte hektisch im Kalender.

„Wenn wir alles umschmeißen, kommt nicht nur dieser Freitag, sondern auch die ganze nächste Woche ins Rutschen."

„Ich brauche heute Luft", sagte Silvio Sforza. „Welche Termine sind denn unumstößlich?"

„Auf jeden Fall müssen Sie zu Gericht. Das sind aber nur zwei kleine Zivilsachen. Am Nachmittag die Beurkundung beim Notar. Die können Sie nicht platzen lassen. Und für achtzehn Uhr ist die Schlachtschüssel rot eingetragen."

„Ja gut, achtzehn Uhr, das ist kein Problem. Ich gehe also zu Gericht und zum Notar. Den Rest sagen Sie ab. Schieben Sie alles möglichst weit raus. Die nächste Woche kriegen wir schon irgendwie hin."

„Ja, ja", sagte Silvio Sforzas Sekretärin ungehalten. „Das kriege ich dann schon irgendwie hin. Übrigens, Herr Doktor Grob will Sie so schnell wie möglich sprechen."

„Auch das noch. Ach, sagen Sie ihm, ich habe heute keine Zeit."

„Das sagen Sie ihm lieber selber. Außerdem ist er ab heute Abend nicht mehr im Haus. Ich weiß gar nicht, ob er vor Weihnachten noch einmal nach Schweinfurt kommt."

„Gut, gut." Sforza eilte auf den Gang hinaus. Sein Handy klingelte.

„Krümmel, was gibt's denn? Bist du auf Posten?"

„Ja", sagte der Privatdetektiv. „Die Alte ist jetzt in der Stadt unterwegs. Sie trinkt gerade beim Chinesen Tee."

„Sehr aufregend. Warum rufst du mich dann an?"

„Weil ich wissen will, wie das weitergehen soll. Ich hab jetzt schon die Schnauze voll. Solche dämlichen Beschattungen sind nichts mehr für mich. Bin ich viel zu alt dafür. Ich hab keinen Bock, der Alten den ganzen Tag hinterherzulatschen, ohne zu wissen, auf was das rauslaufen soll. Is unter meinem Niveau. Soll ich nicht lieber 'nen jüngeren Kollegen fragen, ob er den Auftrag übernimmt?"

„Nichts da, Krümmel", bellte Sforza. „Das machst du! Doppelte Gage, okay? Und Rapport, sobald sich was Interessantes tut."

„Und was ist was Interessantes?"

„Meine Güte, das weiß ich nicht. Du bist doch der Mann für alle Fälle, oder? Einfach Augen und Ohren offenhalten.

Wenn die alte Schachtel was macht, was alte Schachteln sonst nicht machen, meldest du dich."

Silvio Sforza legte auf und ging den Trophäengang der Kanzlei *Grob & Sforza* entlang. Auf der einen Seite Trophäen von Großwild, das er in Afrika geschossen hatte, und Pokale seiner Segelregatten. Auf der anderen Seite Krimskrams und Urkunden, mit denen sein Partner Dr. Eugen Grob im Laufe seiner politischen Karriere überhäuft worden war. Die Trophäen ihrer gemeinsamen Unternehmungen, Reisen und Jagden waren natürlich nicht in diesem Gang ausgestellt. Sie lagerten irgendwo in tiefen, dunklen Gewölben, die andere Menschen als „schlechtes Gewissen" bezeichnet hätten – ein Wort, das Silvio Sforza und Eugen Grob nicht kannten.

15

Dr. Eugen Grob, Mitglied des Deutschen Bundestages und Rechtsanwalt, stand am Fenster seines Büros und sah auf den Schweinfurter Marktplatz hinunter. Was für ein Provinzkaff, dachte er. Heute Abend noch diese ekelhafte Schlachtschüssel, morgen ein paar Stunden zu Hause und dann so schnell wie möglich in die Hauptstadt.

Er mochte Schweinfurt nicht. Deshalb kam er so selten wie möglich hierher. Sein Wahlkreis lag draußen auf dem Land, seinen Hauptwohnsitz hatte er im Steigerwald. Den größten Teil seiner Zeit verbrachte er in Berlin. Neuerdings war er auch oft in Dubai. Dort war das Übermorgenland, dort lag die Zukunft. Eugen Grob hatte schon immer gern weit vorausgedacht. In Dubai kreuzten sich alle Fäden, die in dieser Welt gesponnen wurden. Am Persischen Golf gab es alles: Öl und Geld, Macht und Business, Sex und Perversion. Dort gab es alles, was Eugen Grob schätzte, liebte und brauchte.

Es war ausgerechnet Schweinfurt gewesen, wo vor dreißig Jahren sein Berufsweg begonnen hatte. Ein steiler, anstrengender Weg hinauf zu Höhen, die er stets im Blick gehabt hatte. Geboren in Würzburg, aufgewachsen in der Zellerau, wollte er immer nur eines: ganz nach oben. Er zog die harte Tour durch, studierte erst Jura und dann Medizin, weil er das für die beiden Königsfächer hielt. Er absolvierte alle

Staatsexamen, promovierte als Mediziner und machte den Facharzt in Chirurgie. Schon nicht mehr ganz jung, trat er seine erste Stelle in Schweinfurt an: als Chirurg am Leopoldina-Krankenhaus. Gleichzeitig begann er damit, eine politische Karriere aufs Gleis zu setzen. Er trat in die Partei ein, die ihm als einzige in Bayern von Nutzen sein konnte, und hatte angesichts der mittelmäßigen Konkurrenz keine Mühe, schnell recht weit zu kommen. An München hatte er kein Interesse, er wollte nach Berlin, was ihm ohne weiteres gelang. Das Chirurgenhandwerk musste er als Abgeordneter aufgeben, aber er spezialisierte sich nun auf das, was er für ein Schlüsselthema der Zukunft hielt: die Gesundheit des deutschen Bürgers. In diesem Bereich konnte er drei seiner Stärken bestens miteinander verknüpfen: medizinisches Fachwissen, juristischen Sachverstand und die ausgeprägte Bereitschaft, gerne gutes Geld zu verdienen. Es gab bald genügend Stimmen in Berlin, die im Zusammenhang mit seinem Namen sofort von Skrupellosigkeit sprachen.

Ein solcher Ruf befähigt zum Ministeramt, und auch das errang Eugen Grob ohne größere Schwierigkeiten. Er wurde Bundesgesundheitsminister, was er noch nicht für den Gipfel des Möglichen hielt. Sein Blick richtete sich nach Brüssel, aber dann ereilte ihn das Verhängnis: Seinem Ministerium konnte nachgewiesen werden, in den weltweiten illegalen Organhandel verwickelt zu sein – wovon Eugen Grob zwar wusste, was er aber ausdrücklich bestritt. Er musste zurücktreten; die Partei hielt ihm halbwegs die Stange, weil er diskret damit gedroht hatte, diverse Bomben hochgehen zu lassen, die er seit Jahren sorgsam als Vorrat für schlechte Zeiten hütete. Sein Abgeordnetenmandat wurde ihm weiterhin gesichert, und er tat nun das, was er bestens konnte: Strippen ziehen. In München und Berlin wurde er nur noch so genannt: Eugen der Strippenzieher. Alles, was er zog, verknüpfte und oft undurchschaubar verwickelte, war zu seinem Vorteil. Die Mitte dieses Spinnennetzes war natürlich nicht sein Abgeordnetenbüro in Berlin, sondern aus strategischen Gründen die Rechtsanwaltskanzlei *Grob & Sforza* in der Provinzstadt Schweinfurt, weitab vom Schuss.

Mit seinem Partner Silvio Sforza verband Eugen Grob keine Freundschaft, sondern reine Berechnung. Er konnte sich hinter ihm verstecken, manches über seinen Namen laufen lassen, ihn als Alibi, Schutzschild und Prellbock benutzen. Der Grund für diese komfortable Konstruktion war sehr einfach: Er hatte den Partner in der Hand, ganz und gar. Es lag in seiner Macht, Silvio Sforza in den Orkus des Verderbens zu stürzen, von einem Tag auf den anderen. Allerdings hatte die Sache doch einen Haken: Silvio Sforza hatte auch ihn in der Hand, wohl nicht im gleichen Maße, aber immerhin. Darauf beruhte die Balance ihrer geschäftlichen Beziehung seit vielen Jahren. Was man juristisch nicht ganz sauber als gegenseitige Erpressung hätte bezeichnen können, hatte seine Ursache in einer gemeinsamen Vorliebe: der Vorliebe für junge Mädchen.

Es klopfte an die schwere Mahagonitür des Büros, dreimal in gleichem Abstand wie in der Freimaurerloge.

„Komm rein, Silvio", rief Eugen Grob. „Ich muss mit dir reden."

*

Auf dem Parkplatz, an der Stelle, wo gewöhnlich die Barchetta stand, war mit weißer Kreide ein weiter Kreis gezogen worden. In der Mitte lag ein riesengroßes Lebkuchenherz, auf seiner Vorderseite stand in roten und weißen Zuckerbuchstaben ICH LIEBE DICH! Das Lebkuchenherz sah schon etwas mitgenommen aus, wahrscheinlich stammte es noch vom letzten Volksfest. Darunter in krakeliger Kreideschrift auf dem Asphalt: *Wo bist du?*

Blacky ging zu dem grünen Ford hinüber, den er am anderen Ende des Parkplatzes abgestellt hatte. Er war unberührt, alle vier Reifen waren in Ordnung. Also war die Stalkerin, oder wer auch immer es war, auf Lothars List hereingefallen, was darauf schließen ließ, dass die oder der Unbekannte ihn nicht permanent beschattete, beobachtete oder verfolgte. Eine Erkenntnis, die zwar beruhigte, aber auch nicht wirklich weiterhalf. Immerhin enthielt die neueste Botschaft keine Drohung mehr, aber ob das etwas zu bedeuten hatte, wusste er nicht.

✷

Kriminalkommissar Lucius Römer war sofort im Bilde gewesen, als Martha Grimm ihn gestern am späten Nachmittag angerufen hatte.

„Eine wichtige Persönlichkeit aus Vietnam? Also ich weiß, dass ein Minister morgen nach Schweinfurt kommt. Er ist zur Zeit auf Deutschlandtour, und der Bundestagsabgeordnete Grob hat ihn zu einer Schlachtschüssel eingeladen. Auf eine solche Idee muss man erst mal kommen. Der Besuch war kurz Thema bei der Dienstbesprechung Anfang der Woche. Es gibt eine niedrige Sicherheitsstufe, der Personenschutz wird vom BKA übernommen, wir haben aber auch einige Beamte vor Ort."

„Danke, lieber Lucius", hatte sie gesagt, „Sie sind eine wahre Quelle des Wissens. Aus Ihnen wird noch was. Vielleicht könnten Sie noch ein paar Einzelheiten über diesen Mann in Erfahrung bringen?"

Am Morgen hatte Lucius Römer schon sehr früh angerufen. Er hatte zumindest Namen und Funktion des Ministers herausgefunden.

„Irgendwelche Details aus seiner Vergangenheit, lieber Lucius?"

„Das ist sehr schwer, Oma Martha. Wer weiß schon etwas über vietnamesische Minister? Ich kann's mal beim Auswärtigen Amt versuchen."

Jetzt wartete sie vor dem Bratwurststand, der um diese Zeit noch nicht geöffnet hatte. Die Stadt war an diesem Freitagmorgen sehr geschäftig, und Martha Grimm hatte den Mann mit grauem Regenmantel und Baskenmütze noch nicht bemerkt, der ihr schon seit einer Stunde gefolgt war. Es dauerte fast noch eine Viertelstunde, bis Huong über den Marktplatz auf sie zukam.

„Ich nicht viel Zeit", sagte sie atemlos, „mein Mann etwas böse, weil ich jetzt gehe."

„Wir brauchen auch nicht lange", erwiderte Martha Grimm. „Ich denke, ich weiß, welchen Auftrag Ihr Mann erhalten hat. Sagt Ihnen der Name Nguyen Van Ho etwas?"

Huong schüttelte den Kopf.

„Ich spreche ihn wahrscheinlich sehr falsch aus. Aber immerhin weiß ich, dass das der Gesundheitsminister der Sozialistischen Republik Vietnam ist. Er ist auch Mitglied des Politbüros in Hanoi. Ein Kollege von mir versucht gerade, noch mehr über ihn herauszufinden."

„Ich nicht kennen", sagte Huong.

„Er kommt heute nach Schweinfurt. Um achtzehn Uhr nimmt er an einer Schlachtschüssel teil."

„Schlachtschüssel?"

„Das ist eine Art Essen. Sie sollten Ihren Mann heute sehr aufmerksam beobachten. Wenn Ihnen etwas auffällt, rufen Sie mich an."

„Und dann?"

„Tja … und dann …", sagte Martha Grimm. „Ich werde mich darum kümmern."

„Wie kümmern?"

„Ich werde mit meiner Enkelin sprechen. Sie ist auch bei der Polizei."

„Keine Polizei. Sonst verhaften meinen Mann."

„Ja, das ist ein Dilemma, ich weiß. Wir müssen uns etwas anderes ausdenken."

*

Die Ledercouch, seine Füße auf dem Besprechungstisch, das Cognacglas, das in seiner Hand langsam kreiste. Silvio Sforza kannte diese Inszenierung zur Genüge, und er hasste die Gespräche, die dann stattfanden. Immer, wenn Eugen Grob sich dermaßen in Szene setzte, lief alles auf einen Wutausbruch, einen Tobsuchtsanfall, einen Eklat hinaus, und meist endete das Ganze schließlich leise, gefährlich leise.

„Wir kennen uns lange, Silvio", sagte Eugen Grob. „Und wir waren nie ehrlich zueinander."

„Wie meinst du das?", fragte Silvio Sforza misstrauisch.

„Es ist uns beiden nicht gegeben, ehrlich zu sein. Und warum sollten wir? Es geht ja auch so."

„Ich bin nicht sicher, ob ich dich gerade richtig verstehe …"

„Du verstehst mich schon, mein Lieber. Du verstehst mich durchaus. Aber heute will ich mal ehrlich zu dir sein."

„Ach?"

„Lass die Ironie, Silvio. Wir sitzen im selben Boot. Deshalb müssen wir gemeinsam rudern, verstehst du?"

Gefährliche, rasiermesserscharfe Klippen, dachte Silvio Sforza. Interessant, dass Grob rudern wollte. Er selbst war Segler. Das war etwas ganz anderes.

„Und wohin rudern wir?"

„In die Vergangenheit", sagte Eugen Grob. „Aber erst eine ganz aktuelle Sache ... Bist du dir sicher, dass Franco Maureso alles mit ins Grab nimmt, wirklich alles?"

„Er ist tot."

„Was heißt das schon? Vielleicht gibt es irgendwelche Papiere, Aufzeichnungen ... Oder er hat seiner Frau was gesagt. Können wir tatsächlich sicher sein?"

„Hundertprozentig nicht, zugegeben. Aber ich habe mit seiner Frau gesprochen. Sie interessiert sich nur für Pizza und Pasta. Und Franco hatte es nicht mit dem Schreiben. Ich habe sein Büro gefilzt. Er hatte nicht einmal einen Computer. Es gibt auch keine Akten. Also ich denke: Affe tot, Klappe zu."

„So einfach ist es nicht." Eugen Grob nahm die Füße vom Tisch und richtete sich auf. „Solange wir nicht wissen, wer mit Maureso über uns geplaudert hat, sind wir nicht auf der sicheren Seite."

„Schon klar. Aber was hilft uns die Erkenntnis?"

„Sie sagt uns, dass wir nach wie vor auf einem Pulverfass sitzen. Da kann Franco noch so mausetot sein. Es gibt jemand, der etwas weiß. Und das macht mich rasend."

„Die Akte ist geschlossen", sagte Silvio Sforza. „Es steht zweifelsfrei fest, dass Rosemary Salem die beiden Kinder getötet hat. Was davor war, interessiert niemanden mehr."

„Das glaubst du doch selber nicht. Ich sag's dir noch einmal: Wir sitzen auf einem Pulverfass. Und du wärst gut beraten, dich um die Sache zu kümmern."

„Das tu ich ja. Mehr als du vielleicht denkst."

„Na hoffentlich." Eugen Grob stellte das Cognacglas ab. „Du hast gesagt, Maureso wurde mit drei Schüssen ins Gesicht getötet?"

„Ja, das habe ich aus Polizeikreisen erfahren."

„Mitten ins Gesicht?"

„Scheint so."

„Merkwürdig, wie sich die Dinge gleichen können. Ich frage mich, ob das etwas zu bedeuten hat."

„Was soll es denn bedeuten?"

„Glaubst du, dass einen die Vergangenheit einholen kann?"

„Du redest heute etwas seltsam, Eugen", meinte Sforza.

„Ist das so? Mag sein … Wo warst du eigentlich vor achtundzwanzig Jahren?"

„Vor achtundzwanzig Jahren? Das war … ja, da war ich schon in Schweinfurt. Wieso?"

„Ich war vor achtundzwanzig Jahren auch in Schweinfurt. Als Chirurg im Leopoldina-Krankenhaus. Eines Tages hatte ich einen Mann auf dem OP-Tisch liegen. Ihm war ins Gesicht geschossen worden. Dreimal mitten ins Gesicht. Erinnerst du dich nicht an die Geschichte?"

Silvio Sforza schloss kurz die Augen.

„Dunkel. Doch, ja … War es nicht ein Bulle gewesen?"

„Ja, ein ziemlich erfolgreicher Drogenfahnder. Er war bei einem Einsatz in einen Hinterhalt geraten und übel angeschossen worden. Wir konnten ihm mit Müh und Not das Leben retten."

„Schön für ihn. Und warum erzählst du mir das alles?"

Eugen Grob sah Silvio Sforza durchdringend an.

„Weil Franco Maureso auch dreimal ins Gesicht geschossen wurde."

„Aber da gibt es doch keinen Zusammenhang, oder?"

„Wer weiß? Ein Täter konnte damals nicht ermittelt werden. Was wäre, wenn Kurt Schweiger jetzt zurückgekommen ist?"

„Kurt Schweiger? Zurückgekommen?"

„Das war der Name des Drogenfahnders. Kurt Schweiger", sagte Eugen Grob. „Er war lange in verschiedenen Kliniken. Danach soll er verschwunden sein. Man hat nie mehr etwas von ihm gehört."

Silvio Sforza zündete sich schon die dritte Zigarette an.

„Ich verstehe immer noch nicht, was du eigentlich sagen willst."

„Doch, Silvio, ich glaube, du verstehst es recht gut. Ich habe unseren Bürochef gestern mal ein wenig recherchieren lassen. Du hattest damals deine erste Kanzlei in Schweinfurt eröffnet. Und zu deinen Mandanten gehörte der junge Franco Maureso."

„Stimmt", gab Sforza zu.

„Maureso ist kurz nach der Schießerei für einige Jahre aus Schweinfurt verschwunden. Es gab durchaus Ermittlungen gegen ihn. Sie sind im Sand verlaufen – auch dank deiner anwaltschaftlichen Künste. Angenommen, es war Maureso, der damals auf Schweiger geschossen hat ... und der ist jetzt zurückgekommen und hat sich gerächt. Drei Schüsse mitten ins Gesicht."

„Interessante Theorie."

„Vor allem, wenn man eines in Betracht zieht: Wo fand

die Schießerei vor achtundzwanzig Jahren statt? Am Schwarzen Weg. Und wo wurde Franco Maureso vorgestern erschossen? Ebenfalls am Schwarzen Weg. Soll das ein Zufall sein? Und willst du mir wirklich erzählen, dass du diese Zusammenhänge noch nicht gesehen hast?"

„Nein", sagte Silvio Sforza. „Ich habe auch schon kurz darüber nachgedacht."

„Immerhin ein Anflug von Ehrlichkeit", meinte Eugen Grob sarkastisch. „Auch wenn du lügst wie gedruckt."

„Es ist doch nur eine Theorie. Sie würde dann relevant sein, wenn Kurt Schweiger wirklich wieder hier wäre."

„Richtig. Und genau das ist es, war mir Sorge macht. Dass er tatsächlich wieder hier ist."

„Und weshalb macht dir das Sorge?"

„Weil ich damals Scheiße gebaut habe", sagte Eugen Grob. „Große Scheiße sogar."

★

Nach ihrem Gespräch huschte Huong rasch über den Marktplatz davon. Martha Grimm dachte noch eine Weile nach, dann machte sie sich auch auf den Weg. Sie war erst ein paar Schritte gelaufen, als sie bemerkte, dass sie ihre Tasche auf dem Tischchen vor dem Bratwurststand vergessen hatte. Sie drehte sich um und sah, dass der Mann im grauen Mantel eine Sekunde zu langsam gewesen war. Er hechtete zwar hinter die Imbissbude zurück, aber es war zu spät: Martha Grimm hatte schon alles begriffen.

Dilettant, dachte sie, hättest doch sehen müssen, dass ich die Tasche vergessen habe.

Sie nahm ihre Tasche und marschierte, ohne sich noch einmal umzuschauen, über den Marktplatz zur Buchhandlung *Kakadu,* vor der Kunigunde Buntvogel gerade Ramschbücher in einem großen Kasten sortierte. Martha Grimm stellte sich daneben, wühlte in den Büchern herum und sagte halblaut: „Würden Sie mir einen Gefallen tun?"

Kunigunde Buntvogel antwortete eher misstrauisch als hilfsbereit, das käme auf den Gefallen an.

„Ist nur eine Kleinigkeit", beruhigte sie Martha Grimm. „Wenn Sie sich bitte mal etwas unauffällig umdrehen und mir sagen, ob da ein Mann in einem grauen Mantel irgendwo in der Gegend herumsteht."

„Der mit der Baskenmütze?", fragte Kunigunde Buntvogel, als sie sich auffällig umgedreht hatte. „Vor dem Denkmal?"

„Ja. Wie sieht er denn aus?"

„Völlig normal. Ein bisschen klein, schaut, als ob er Magenschmerzen hätte."

„Aha, danke", sagte Martha Grimm und dachte: Mit Speck fängt man Mäuse. Sie verabschiedete sich, ging einige Schritte Richtung Spitalstraße, blieb wieder stehen und nahm ihr Handy aus der Handtasche.

„Frau Oberkommissarin Weiß ist nicht zu sprechen", nuschelte eine unfreundliche Sekretärinnenstimme. „Sie ist in einer Dienstbesprechung."

„Dann holen Sie sie heraus. Es ist von eminenter Wichtigkeit."

„Wer ist denn da überhaupt?"

„Hauptkommissarin Andersen vom Bundeskriminalamt", sagte Martha Grimm.

Eine Weile Stille in der Leitung, dann Kerstin Weiß' Stimme: „Hallo?"

„Guten Morgen, Liebes, hier ist deine Oma. Hast du gut geschlafen? Du, ich muss sehr dringend mit dir reden."

„Spinnst du?"

„Wieso?"

„Du gibst dich als Beamtin vom BKA aus. Hast du sie noch alle?"

„Schon wieder dieser Ton, Kerstin. Aber Schwamm drüber. Besondere Vorkommnisse erfordern besondere Maßnahmen. Also, wir müssen uns sofort treffen und beratschlagen. Erstens habe ich einen starken Verdacht, und zweitens benötige ich ... hallo ... hallo?"

Martha Grimm sah das Smartphone mit funkelnden Augen an.

„Kerstin hat aufgelegt", klagte sie. „Jetzt werde ich aber bald auch mal böse. Na warte, du sollst mich kennenlernen."

Sie stapfte die Spitalstraße hinunter, bog in die Petersgasse ein, verlangsamte den Schritt, öffnete die Tür zu Sandra Galls Laden, sah die Druidin auf der Ottomane sitzen, trat ein und brach zusammen.

Sandra Gall stieß einen spitzen Schrei aus.

16

Blacky bestellte den üblichen Cappuccino und lächelte Joe dabei unüblich freundlich an.

„Was grinst du denn so wie ein verheirateter Maikäfer?", fragte der Barista. „Bin ich von dir ja gar net gewöhnt."

„Wochenende", sagte Blacky. „Dolce far niente. Morgen früh schlaf ich aus."

„Ich auch. Nach der Fresserei heut' Abend liegt man eh wie 'n Kartoffelsack im Bett. Und du kommst wirklich net zu der Schlachtschüssel? Also ich an deiner Stell' würd' die Kerstin da net allein mit diesem irischen Dichter hingeh' lass'. Freund hin oder her."

„Na ja", erwiderte Blacky, „eigentlich würde ich ja schon auch gern ... aber ich habe keine Einladung. Du weißt ja, wie rar die sind."

„Hmhm", machte Joe und legte eine Spannungspause ein. „Da hast du aber Glück."

„Warum?"

„Weil meine Freundin die Grippe hat. Oder ä Erkältung. 'nen Infekt halt. Jedenfalls liegt sie auf der Nase. Ich hab scho' gedacht, ich muss mei' Mutter mitnehm'. Aber die verträgt des fette Fleisch doch gar nimmer. Da nehm' ich dann lieber dich mit."

„Echt?"

„Klar. Wir treffen uns um fünf vor sechs am Eingang. Und das erste Schorle geht auf dich."

„Ich übernehm' natürlich alle Getränke."

„Dann wird's ä teurer Spaß für dich", feixte Joe. „Ä wirklich teurer Spaß."

Als die Tür zu *Viva Porcellino* geöffnet wurde und der Leiter des Theaters eintrat, war von draußen ein Martinshorn zu hören.

„Ein Rettungswagen kurvt durch die Altstadt", sagte der Theaterleiter mit seiner Tenorstimme. „Er hätte mich fast überfahren."

„Ja, in dieser Stadt fallen die Leut' um wie die Fliegen", klagte der Barista. „Schlecht fürs Geschäft."

★

Hugo Krümmel erreichte Silvio Sforza auf dem Handy.

„Was gibt's denn schon wieder?", schnauzte der Anwalt. „Ich steh vor dem Gerichtssaal. Muss gleich rein."

„Die Alte", sagte Krümmel. „Sie ist anscheinend eben umgekippt. Vielleicht ist sie auch schon abgenippelt. Keine Ahnung."

„Wie bitte?"

„Na ja, sie stand ewig auf dem Marktplatz rum und hat mit so 'ner Chinesin oder Japanerin gequatscht. Dann ist sie durch die Fußgängerzone gelatscht und in den komischen Esoterikladen von der Sandra gegangen. Ich konnt' natürlich nicht rein und hab draußen gewartet. Und jetzt sind ein Rettungswagen und ein Notarzt angepresscht gekommen und in den Laden gestürmt. Ich hab mal vorsichtig reingelinst, die Alte liegt am Boden, die Sanis und der Doktor um sie rum. Mehr weiß ich nicht."

"Okay", sagte Sforza. "Dranbleiben. Wenn man sie abtransportiert, findest du heraus, in welches Krankenhaus sie gebracht wird. Und wenn nicht, wartest du, bis der Leichenwagen sie geholt hat. Verstanden?"

"Klar, Chef", sagte Hugo Krümmel und zündete sich eine Zigarette an.

*

Als der Notarzt ihren Blutdruck maß, öffnete Martha Grimm vorsichtig die Augen.

"Ach, da sind Sie ja wieder", sagte er. "Können Sie sprechen?"

"Klar. Warum nicht?"

"Weil Sie anscheinend kurz weg waren. Tut Ihnen irgendwo was weh?"

"Nö", sagte Martha Grimm. "Alles in Ordnung."

"Ja, ich kann auch nichts weiter feststellen. Offenbar nur ein kleiner Schwächeanfall. Aber im Hinblick auf Ihr Alter lasse ich Sie doch in die Klinik bringen, damit man Sie durchcheckt."

"Kommt nicht in Frage. Rufen Sie meine Enkelin an. Sie soll sich sofort hierherbemühen und sich um ihre Großmutter kümmern."

"Aber ..."

"Ich hasse das Wort ‚aber', Doktor Notarzt. Die Jungs sollen mir aufhelfen und mich auf die Ottomane setzen. Sandra wird mir einen Tee machen, und wenn Sie ganz brav sind, dürfen Sie mir eine nette Kreislaufspritze geben. Davor aber telefonieren Sie. Hier ist mein Handy ... die letzte Nummer, die ich angerufen habe. Fragen Sie nach Kriminaloberkommissarin Weiß."

„Kriminaloberkommissarin?"

„Genau. Machen Sie ihr ruhig ein bisschen Angst. Sonst dauert es ewig, bis sie hier aufkreuzt."

Der Notarzt telefonierte, schilderte den Sachverhalt und sagte dann: „Nein ... es ist wirklich besser, wenn Sie herkommen. Ihre Großmutter ist ziemlich resolut. Ich kann sie nicht gegen ihren Willen in die Klinik bringen."

Er gab Martha Grimm das Handy zurück.

„Sie kommt. Ja gut, dann gebe ich Ihnen eine Spritze, Ihre Enkelin soll Sie nach Hause fahren, und wenn Sie nur das Geringste spüren, rufen Sie den Notdienst an. Ansonsten rate ich Ihnen dringend, den Hausarzt zu konsultieren und Ihren Gesamtzustand abklären zu lassen. Generell scheinen Sie ja ziemlich fit zu sein."

„Bin ich", sagte Martha Grimm. „Bin ich. Vor allem bin ich fit im Kopf."

Sie lächelte zufrieden, als die Sanitäter sie zur Ottomane trugen.

*

Hugo Krümmel sprach auf Silvio Sforzas Mobilbox: „Hier wird's gerade bunt. Die Sanis und der Arzt sind wieder abgerauscht, ohne die Alte. Sie haben mir natürlich kein Sterbenswörtchen gesagt. Zwei Minuten später ist die Weiß aufgetaucht, die flotte Oberkommissarin von der Mordkommission. Keine Ahnung, was das jetzt soll. Sie ist im Laden verschwunden, und ich steh hier wie ein Depp und warte. Melde mich, wenn's was Neues gibt."

*

„Oma, was machst du denn für Sachen?"

„Erklär ich dir später, Liebes. Schön, dass du so schnell gekommen bist. Und jetzt lass uns gehen."

Martha Grimm versuchte auf die Beine zu kommen. Sie saß immer noch auf der Ottomane, Kerstin Weiß kniete davor und hielt besorgt ihre Hand.

„Es wäre besser gewesen, wenn du dich ins Krankenhaus hättest bringen lassen."

„Papperlapapp. Hilf mir mal!"

Martha Grimm fasste die Hand ihrer Enkelin fester und stand mit einem energischen Ruck auf.

„Gibt es hier einen Hinterausgang?", fragte sie.

„Ja, die Tür dort und dann durch den Hof", sagte Sandra Gall.

„Gut, dann nehmen wir den. Wo ist meine Handtasche?"

„Oma, was soll denn das jetzt?"

„Erklär ich dir später. Komm mit."

„Nein", protestierte Kerstin Weiß, aber Martha Grimm war schon an der hinteren Tür angelangt.

„Wenn ein Mann nach mir fragt", sagte sie zu Sandra Gall, „einer im grauen Mantel, dann erzähl ihm, ich sei verhaftet worden. Danke für den Tee, Schwester."

Sie öffnete die Tür und eilte durch einen Gang, in dem es nach Räucherstäbchen und Duftöl roch, in den Hinterhof hinaus. Kriminaloberkommissarin Kerstin Weiß folgte ihr und schimpfte dabei vor sich hin.

„So, und jetzt möchte ich wissen, was das für ein Theater ist", fauchte sie, als sie neben ihrer Großmutter im Hof stand.

„Na ja, erstens musste ich einen Verfolger abschütteln, und zweitens wollte ich dienstlich mit dir reden. Und da du mir dieses Gespräch auf so unschöne Art verweigert hast, habe ich halt ein wenig in die Trickkiste gegriffen."

„In welche Trickkiste?"

„Ach, schon früher sind Damen einfach mal so in Ohnmacht gefallen, wenn etwas nicht nach ihrem Kopf gegangen ist. Bewährtes Mittel … du siehst, es funktioniert auch heute noch."

„Soll das etwa heißen, du hast diesen Schwächeanfall nur vorgetäuscht?"

„Ja meinst du denn, ich klappe in aller Öffentlichkeit zusammen? Noch dazu in einem Esoterikladen? So alt bin ich nun auch noch nicht."

„Oma, du bringst mich um. Wirklich."

„Blödsinn", grollte Martha Grimm. „Hier bringen ganz andere Leute Menschen um. Und genau darüber wollte ich mit dir reden. Wo geht denn diese Gasse hin? Ich möchte gern meinen Verfolger loswerden."

„Welchen Verfolger, um Gottes willen?"

„Erklär ich dir alles, Liebes, erklär ich dir alles. Du hast doch eine Kaffeemaschine im Büro?"

„Ja, aber …"

„Dann bring mich dahin und koch mir einen schönen, starken Kaffee. Den brauche ich jetzt nämlich dringend. Und dann machen wir beide eine ordentliche Dienstbesprechung."

Kerstin Weiß' Handy klingelte. Sie nahm den Anruf entgegen.

„Ja, sie sollen warten. Ich bin gleich da."

Genervt steckte sie das Handy weg.

„Gut, dann komm mit. Trink einen Kaffee. Aber dann fahr ich dich nach Hause. Da kannst du Gift drauf nehmen."

✦

Hugo Krümmel sprach noch einmal auf Silvio Sforzas Mobilbox: „Also, das ist jetzt echt blöd. Die Alte ist weg. Und die Kripobeamtin auch. Haben den Hinterausgang benutzt. Die Sandra vom Esoterikladen sagt, die alte Lady sei verhaftet worden. Ganz seltsam, die Sache. Ich weiß jetzt auch nicht so recht weiter. Rufen Sie mich an, sobald Sie können."

17

In ihrem Büro in der Polizeidirektion setzte Kriminaloberkommissarin Kerstin Weiß ihre Großmutter auf einen Stuhl, stellte eine Tasse Kaffee auf den Tisch und sagte: „Du rührst dich hier nicht vom Fleck. Ich habe ein paar Minuten zu tun, dann bringe ich dich nach Hause."

„Du vergisst immer, dass ich kein Zuhause habe", wandte Martha Grimm ein. „Ich lebe in einem Heim."

Kerstin Weiß gab keine Antwort und ging zu ihrer Sekretärin ins angrenzende Zimmer.

„Also dann, wo sind die Herren?"

„Sie sitzen beide im Warteraum. Der Anwalt hat sich schon dreimal beschwert, dass er warten muss."

„Er hätte doch auch mit Frau Werner oder Herrn Urban sprechen können."

„Will er aber nicht. Er wollte zuerst sogar nur mit Hauptkommissar Bayer reden. Als ich ihm gesagt habe, dass er krank ist, hat er darauf bestanden, seine Anzeige bei Ihnen zu machen."

„Eine Anzeige?"

„Ja", sagte die Sekretärin. „Er will eine Anzeige erstatten."

„Okay, ich spreche kurz mit Herrn Schwarz, Sforza soll noch so lange warten."

„Das wird ihm nicht schmecken."

„Mir egal. Und ich müsste die Gespräche in diesem Zimmer führen. Mein Büro ist belegt."

„Ist gut. Dann mache ich eben mal Mittagspause. Soll ich Herrn Schwarz jetzt holen?"

„Ja."

Martha Grimm saß nicht gern lange still. Sie trank ein Schlückchen Kaffee, dann stand sie auf und machte einen Rundgang durch das Büro ihrer Enkelin, das sie bestens kannte. Dabei stellte sie fest, dass es direkt an der Tür zum Nebenzimmer heute am interessantesten war. Wenn sie ihr Ohr ein wenig an das Holz legte und dabei nur flach atmete, konnte sie so gut wie jedes Wort hören, das nebenan gesprochen wurde.

„Den Typen im Wartezimmer kenne ich auch von irgendwoher", sagte Blacky eben. Er hatte ja sowieso eine sonore, durchdringende Stimme. „Ist das nicht Silvio Sforza, der Anwalt?"

„Kann schon sein." Ihre Enkelin war immer noch etwas aufgebracht und nervös. Das machte ihre Stimme schrill und laut. „Also, was gibt es denn?"

„Du bist heute sehr sachorientiert", stellte Blacky fest.

„Christian, lass deine Sprüche, okay? Komm auf den Punkt, und das bitte subito."

„Ja, ja. Da will man dir helfen, und du bist militant. Aber gut ... Sagt dir der Name Kurt Schweiger was?"

„Nein."

„Man nannte ihn früher hier bei euch auch Drogenkurt. Er war vor etwa dreißig Jahren Leiter der Drogenfahndung. Galt als taff, effizient und korrupt. Dann gab's eine Schießerei, wahrscheinlich mit irgendwelchen Dealern, bei der Drogenkurt dreimal ins Gesicht geschossen wurde. Na, klingelt's?"

Kerstin Weiß' graue Augen verengten sich – wie immer, wenn es in ihrem Kopf arbeitete.

„Ja, gut, eine Parallele zu Maureso, aber was willst du damit sagen? Das war vor dreißig Jahren."

„Stimmt. Doch das Beste kommt ja noch. Drogenkurt, also Kurt Schweiger, ist wieder in Schweinfurt. Lothar und ich haben ihn gesehen."

„Aber er ist doch tot."

„Das habe ich nicht gesagt. Er hat damals überlebt. Fiel während der Operation ins Koma, hing monatelang zwischen Leben und Tod. Dann ist er verschwunden. Er soll jede Menge Stoff auf die Seite geschafft haben. Keiner hat mehr was von ihm gehört. Und jetzt ist er wieder da."

„Da seid ihr euch ganz sicher?"

„Absolut. Er sah damals nach der ganzen Sache aus wie Frankensteins Monster. Und so sieht er heute noch aus. Ich habe ihn nicht gleich erkannt, weil ein Bart sein ganzes Gesicht zugewuchert hatte. Lothar hat ihn dann rasiert gesehen. Er ist es, ohne jeden Zweifel. Mich hat er in der Fußgängerzone sogar blöd angemacht."

Blacky erzählte ihr die Begegnung mit dem Bettler. Die Skepsis in Kerstin Weiß' Miene hatte sich in Nachdenklichkeit verwandelt.

„Das ist ja schon interessant", meinte sie.

„Sag ich doch. Du solltest dich um Drogenkurt kümmern. Wir haben ihn gestern gesucht, aber nicht mehr gefunden. Keine Ahnung, ob er noch in Schweinfurt ist."

„Weiß man, wer damals auf ihn geschossen hat?"

„Nein, das wurde meines Wissens nach nie aufgeklärt."

„Und wieso weißt du eigentlich so viel über die ganze Sache?"

„Das ist eine eigene Geschichte", sagte Blacky. „Ich erzähle sie dir gern bei einem Glas Wein. Jetzt ist sie nicht von Bedeutung."

„Dann erst mal danke", sagte Kerstin Weiß. „Übrigens, bei dieser bescheuerten Puppe wurden keine verwertbaren Spuren gefunden. Hat sich die Stalkerin inzwischen mal wieder gerührt?"

„Allerdings. Sie hat mir vorhin ein großes Lebkuchenherz verehrt. Und mir damit erneut mitgeteilt, dass sie mich liebt."

„Ein Lebkuchenherz? Ach ja?"

„Wahrscheinlich vom Volksfest. Es wirkt schon etwas älter. Wieso schaust du so erstaunt?"

„Ach nichts", sagte Kerstin Weiß. „Mir ist da nur gerade was durch den Kopf geschossen. Ist jetzt nicht wichtig. Schade, dass wir uns heute Abend nicht sehen."

„Findest du das wirklich schade?"

„Ja klar. Wär' doch schön gewesen, gemeinsam bei einer Schlachtschüssel die Sau rauszulassen."

„Okay", sagte Blacky. „Gut zu wissen."

*

Sie ließ ihren Mann nicht aus den Augen. Es war Freitagnachmittag, der große Ansturm der Gäste über Mittag war vorüber, Phan Minh Trung lehnte erschöpft hinter der Theke und döste im Stehen vor sich hin.

„Willst du nicht schlafen?", fragte Huong.

„Heute nicht."

„Und warum?"

„Kein guter Tag zum Schlafen", antwortete er ausweichend.

Huong sah zu seinem Messer hinüber. Es lag auf der Arbeitsplatte. Sie hatte gehofft, dass er sich wie immer am Nachmittag zum Schlafen hinlegen würde. Das schien ihr der beste Zeitpunkt, das Messer wegzunehmen und sorgfältig zu verstecken. Natürlich würde er, wenn er wieder aufgestanden war, sofort bemerken, dass das Messer fehlte. Trung würde furchtbar zornig werden, er würde rasen vor Wut – aber was würde ihm das helfen? Er würde das Messer für seine Tat nicht benutzen können. Huong wusste, dass das ihren Mann aus dem Gleichgewicht bringen würde. Und dann wollte sie vor ihn hintreten und ihm ins Gesicht schleudern: „Jetzt geh und vollbringe deine Tat. Aber ohne dein Messer. Du hast viele Jahre mit diesem Messer unseren Lebensunterhalt bestritten. Ich erlaube dir nicht, mit diesem Messer unser Leben zu zerstören."

Es war ihr bewusst, dass sie damit nichts verhindern konnte. Wenn es der alten Dame nicht gelang, das Opfer zu warnen, würde Trung zum Mörder werden. Daran hatte sie keinen Zweifel. Aber sie hatte ihm vorher in die Suppe gespuckt. Sie hatte ihm gezeigt, dass sie keine dumme Frau war. Und sie hatte ihm das weggenommen, was ihm heilig und teuer war. Damit hatte sie ihm die Stirn geboten, und er hatte an Gesicht verloren. Sie hatte ihm ein Stück seiner Ehre genommen, Huong wusste, wie sehr ihn das treffen würde. Seine Frau stellte sich gegen ihn. Diese Schmach würde auf ihm lasten, auch dann, wenn er zum Mörder geworden war, auch dann, wenn er ins Gefängnis gehen oder sterben würde.

Den ganzen Nachmittag über beobachtete sie ihn. Und Trung beobachtete sie. Beide ließen sie dabei das Messer nicht aus den Augen.

★

Martha Grimm erkannte die Stimme sofort. Der Mann mit dem Jaguar. Silvio Sforza. Der Mann, den sie im Verdacht hatte. Der Mann, der einen Schnüffler auf sie angesetzt hatte.

Merkwürdigerweise erzählte er die gleiche Geschichte wie Blacky. Er wolle, hatte er im schnöseligen Ton des Juristen ihre Enkelin zunächst wissen lassen, endlich seine Anzeige erstatten, nachdem er ungebührlich lange in einem kahlen Raum habe warten müssen.

„Tut mir leid", hatte Kerstin kühl gekontert. „Es gibt eben Prioritäten, und da standen Sie auf Position zwei."

„Wie mir scheint", war er dann fortgefahren, „tritt die Mordkommission hinsichtlich der Ermittlungen, was die Tötung meines Mandanten Franco Maureso betrifft, auf der Stelle."

Über den Stand der Ermittlungen könne grundsätzlich keine Auskunft gegeben werden, hatte Kerstin Weiß geantwortet. Und hinzugefügt: „Außerdem ist das Mandantschaftsverhältnis mit dem Tod von Herrn Maureso erloschen. Ihnen stehen deshalb im Augenblick auch keine weiteren Rechte zu, Herr Sforza."

„Ich vertrete natürlich die Witwe."

„Haben Sie eine schriftliche Vollmacht?"

„Im Augenblick nicht."

„Ja, das ist dann bedauerlich", sagte die Kriminaloberkommissarin. „Außerdem hat mir Frau Maureso gestern bei einem Gespräch mitgeteilt, dass sie beabsichtige, sich einen neuen Anwalt zu nehmen."

„Davon ist mir nichts bekannt."

„Das müssen Sie mit ihr klären. Also, was wollen Sie von mir?"

„Dass Sie meine Anzeige aufnehmen. Es gibt schwerwiegende Verdachtsmomente, dass Kurt Schweiger, ehemals Kriminalhauptkommissar hier in Schweinfurt, meinen Mandanten Franco Maureso ermordet hat."

„Und wer genau ist dieser Kurt Schweiger?", fragte Kerstin Weiß so, als ob sie völlig ahnungslos wäre.

Silvio Sforza berichtete im Wesentlichen das, was ihr kurz zuvor Blacky schon mitgeteilt hatte. Er fügte allerdings noch einen Aspekt hinzu: „Der Schusswechsel damals, bei dem der Drogenfahnder schwer verwundet wurde, fand im Schwarzen Weg statt. Und genau am selben Ort wird mein Mandant mit drei Schüssen ins Gesicht getötet. Soll das ein Zufall sein?"

„Und was folgern Sie jetzt daraus?"

„Dass Kurt Schweiger sich nach fast dreißig Jahren an meinem Mandanten gerächt hat."

„Damit stellen Sie aber zwei Prämissen auf", sagte Kerstin Weiß. „Erstens, dass Ihr Mandant es war, der damals auf den Drogenfahnder geschossen hat. Und zweitens, dass Kurt Schweiger nach Schweinfurt zurückgekehrt ist."

„Richtig, Frau Oberkommissarin."

„Haben Sie dafür irgendwelche Beweise?"

„Nun, es gab schon damals einen Anfangsverdacht gegen Maureso, allerdings reichte der nicht aus, um weiter zu ermitteln. Was Schweiger betrifft: Ich habe ihn in den letzten Tagen hier in Schweinfurt gesehen. Er hat sich als Bettler getarnt und spielt auf einer Mundharmonika das Lied vom Tod. Deshalb komme ich ja zu Ihnen. Finden Sie den Bettler, und Sie haben Ihren Mörder."

*

Als Martha Grimm hörte, wie das Gespräch zu Ende ging und Silvio Sforza sich verabschiedete, fasste sie einen ihrer Blitzentschlüsse. Das waren Entschlüsse, bei denen sie erst im Nachhinein zum Denken kam. Aber sie wusste, dass solche Entscheidungen, tief aus dem Bauchgefühl heraus, selten falsch waren. Sie verließ ihren Lauschposten, eilte durch das Büro, öffnete die Tür und trat auf den Gang hinaus. Im gleichen Augenblick verließ Silvio Sforza das Nebenzimmer. Unvermittelt standen sie sich gegenüber. Martha Grimm sah, wie die Züge des Rechtsanwaltes entgleisten.

„Ach, der Kavalier mit dem Jaguar", sagte sie. „Herr Sforza, wie schön, Sie wiederzusehen. Immer unterwegs im Dienste der Gerechtigkeit. Oder haben Sie selber was ausgefressen?"

Silvio Sforza starrte sie an, als ob ein Geist vor ihm stünde. Es dauerte ein, zwei Sekunden, bis er sich fasste.

„Frau Grimm", murmelte er. „Es ist mir eine Freude."

Er hatte also recht gehabt. Auch das war eine gefährliche, rasiermesserscharfe Klippe. Er hatte gehofft, sie umschiffen zu können. Sie sozusagen backbords liegen zu lassen, indem er einen direkten Kurs einschlug. Nun tauchte sie unvermittelt auf diesem Kurs an Steuerbord wieder auf. Was tat sie hier? Und was wusste sie wirklich? Krümmels Bericht war durchaus besorgniserregend gewesen. Die alte Grimm erzähle in ihrem beschissenen Heim eine wüste Geschichte. Sie habe einen Mord gesehen. Sie schwafelte auch dort von Details, die sie eigentlich gar nicht wissen konnte. Eine Geschichte und Details, die sie schon während der Spritzfahrt in seinem Jaguar plötzlich zum Besten gegeben hatte. Und jetzt stand sie hier, auf dem Korridor der Schweinfurter Mordkommission, mit kessen Sprüchen auf den Lippen.

Silvio Sforza wusste genau, wann er zum letzten Mal diese jähe Angst verspürt hatte, die einen fast in die Hose scheißen ließ. Es war während einer Jagdsafari im Selous-Reservat im Süden Tansanias gewesen, als er unvermittelt einer Löwin mit zwei Jungtieren gegenüberstand und das Gewehr noch über der Schulter trug. Damals war es gutgegangen, weil ein Wildhüter das Biest mit einem Warnschuss vertreiben konnte. Jetzt hatte er keinen Wildhüter an seiner Seite.

Er musste Zeit gewinnen. Das war keine Löwin, sondern eine alte Frau. Und er hatte eben eine Fährte ausgelegt, der die eigentliche Jägerin, die Kriminaloberkommissarin, auch folgen musste. Noch war nichts verloren. Hier, auf diesem Flur, konnte er sowieso nichts tun. Es galt aber, die nächstbeste Gelegenheit auszuspähen und sie dann zu nutzen.

„Ich bin leider in Eile", sagte er. „Bestimmt laufen wir uns bald mal wieder über den Weg."

„Bestimmt", antwortete Martha Grimm. „Davon bin ich sogar sehr überzeugt."

Silvio Sforza hob grüßend die Hand und bemühte sich, den Korridor gemessenen Schritts hinter sich zu bringen. Martha Grimm sah ihm versonnen nach.

Na, Mäuslein, dachte sie, jetzt hast du schon ziemlich viel Speck gefressen. Ist dir bereits schlecht davon? Und war das gerade Panik, was ich in deinen Augen gesehen habe? Sicher rufst du nun wieder deinen Privatschnüffler an, damit er meine Spur aufnimmt. Ich bin nur nicht sicher, ob ihm das gelingt.

„Oma!", hörte sie die ärgerliche Stimme ihrer Enkelin aus dem Büro. „Wo steckst du denn?"

18

Blacky fluchte und schimpfte, was das Zeug hielt. Er trat gegen die platten Reifen, knallte die Faust auf die Motorhaube des hässlichen grünen Fords, warf den Zettel auf den Boden und hob ihn wieder auf. *Du glaubst, du kannst mich verarschen ... Das ist die Strafe!* stand darauf, groß und fett gedruckt.

Er stürmte zur Wache der Polizeidirektion, klingelte, riss die Tür auf und polterte den uniformierten Beamten an: „Wie kann es sein, dass unter den Augen der Staatsmacht an meinem Auto vier Reifen zerstochen werden, und keiner schreitet ein?"

Der Polizist sah ihn entgeistert an.

„Jetzt mal mit der Ruhe. Sie sind doch Blacky Schwarz vom Radio?"

„Ja und?"

„Im Radio können Sie schreien, hier nicht. Was ist denn passiert?"

„Da steht mein Auto keine Stunde auf dem Besucherparkplatz der Polizei, ich komm zurück, und alle vier Reifen sind platt. Ich glaub's nicht."

„Denken Sie, wir können den Parkplatz ständig kontrollieren? Was meinen Sie denn, wie viele Fahrzeuge da täglich abgestellt und wieder weggefahren werden?"

„Okay, aber es wird ja wohl Überwachungskameras geben."

„Ja, schon …"

„Dann schauen Sie auf dem blöden Video nach, was in der letzten Stunde passiert ist."

„So einfach geht das nicht. Da müssen Sie erst Anzeige erstatten, dann wird die Sache geprüft und entschieden, welche eventuell vorhandenen Hilfsmittel herangezogen und ausgewertet werden können."

„Gut", sagte Blacky, „dann erstatte ich jetzt Anzeige."

„In Ordnung. Nehmen Sie im Vorraum Platz, ich rufe den Kollegen, der dafür zuständig ist."

Während er wartete, überlegte Blacky kurz, ob er Kerstin Weiß anrufen sollte. Aber es schien ihm klüger, das sein zu lassen, weil sie beim Abschied vor ein paar Minuten schon wieder unendlich gestresst gewirkt hatte. Erst hatte sie ihm einen flüchtigen Kuss auf die Wange gehaucht, um gleich darauf unwirsch zu sagen: „Und jetzt verschwinde, ich habe bis zum Abend echt noch jede Menge zu tun. Ich melde mich morgen mal bei dir."

Er war gespannt, welche Augen sie machen würde, wenn er in ein paar Stunden auch bei der Schlachtschüssel auftauchte. Nach ihren Worten von vorhin blieb ihr eigentlich nichts anderes übrig, als sich zu freuen.

Ein Beamter kam und nahm ihn mit in ein hässliches Büro. Lustlos schilderte Blacky den Sachverhalt und entschied sich, die ganze Vorgeschichte unter den Tisch fallen zu lassen, als er sah, wie angestrengt der junge Polizist sich abmühte, die Anzeige in einen Computer zu tippen. Schon das dauerte ewig, und er hatte keine Lust, den Rest des Nachmittags dieser Mühle der Bürokratie beim Mahlen zuzusehen. So beschränkte er sich auf die vier platten Reifen und den Parkplatz der Polizeidirektion. Nach einer zähen

Stunde unterschrieb er das Protokoll und machte sich zu Fuß auf den Heimweg. Um den dämlichen Ford sollte sich Lothar kümmern, und er wollte so schnell wie möglich seine Barchetta wiederhaben.

★

„Ich brauche Polizeischutz", sagte Martha Grimm.

„Rede keinen Unsinn, Oma", erwiderte Kerstin Weiß. Sie glühte vor Zorn. Die letzte Viertelstunde war ein einziges hitziges Wortgefecht gewesen.

„Ich habe gesagt, du sollst in diesem Büro auf deinem Hintern sitzen bleiben", hatte Kerstin Weiß gezischt, als sie ihre Großmutter auf dem Gang aufgegabelt hatte. „Was treibst du hier draußen?"

„Nichts weiter. Ich habe mir ein bisschen die Beine vertreten."

„Du hast mit jemand gesprochen. Ich habe es gehört."

„Meine Güte, mit Herrn Sforza. Er hat mich gestern in seinem Auto mitgenommen. Da muss ich höflichkeitshalber doch Konversation machen, oder?"

„Komm jetzt wieder rein und trink deinen Kaffee aus!" Kerstin Weiß schob Martha Grimm zurück ins Büro und schloss die Tür. „Ich muss noch kurz telefonieren, dann fahre ich dich ins Heim."

„Siehst du, du bist lernfähig", stellte Martha Grimm befriedigt fest. „Du hast den Unterschied zwischen Zuhause und Heim endlich kapiert. Ich an deiner Stelle würde mich nun mit Hauptkommissar Bayer kurzschließen. Er weiß vielleicht am ehesten über diese Geschichte Bescheid."

„Welche Geschichte denn?"

„Na, diese Schießerei am Schwarzen Weg damals, als der

Drogenfahnder angeschossen wurde. Man muss der Sache schon nachgehen, wenn zwei Leute innerhalb kürzester Zeit im selben Raum die gleiche Geschichte erzählen."

„Oma!" Kerstin Weiß' Gesicht war puterrot angelaufen. „Du hast gelauscht. Das darf doch nicht wahr sein."

„Ich habe zugehört", sagte Martha Grimm. „Eure Räume sind sehr hellhörig. Ihr solltet Schallschutztüren anbringen lassen."

„Dafür ist kein Geld da. Und mir fehlen die Worte."

„Ja, das kommt vor im Leben. Ich würde allerdings dieser Geschichte keine große Bedeutung beimessen. Sie ist ein Ablenkungsversuch, da bin ich überzeugt. Der eigentliche Täter nutzt die Gelegenheit, diesem Kurt Schweiger den Mord in die Schuhe zu schieben. Obwohl es natürlich schon seltsam ist, dass der verschollene Drogenfahnder ausgerechnet jetzt wieder in Schweinfurt aufgetaucht zu sein scheint. Aber wie so oft in unserem Metier muss man genau unterscheiden: Was ist Henne und was ist Ei?"

„Oma, ich verstehe kein Wort. Was laberst du da eigentlich?"

„Ihr habt heutzutage eine Ausdrucksweise ... Also, für mich ist das sonnenklar: Silvio Sforza, der Rechtsanwalt, hat seinen Mandanten Franco Maureso erschossen und versucht nun passenderweise, den Verdacht auf unseren ehemaligen Kollegen Schweiger zu lenken."

„Wie kommst du denn auf diese bescheuerte Idee?"

„Weil ich eins und eins zusammenzählen kann. Kaum konfrontiere ich den schneidigen Jaguarfahrer Sforza mit Details vom Tatgeschehen, verreißt er fast das Lenkrad, wird nervös und versucht, mich auszuhorchen. Dann hetzt er mir einen Privatdetektiv auf den Hals, der mir auf Schritt und

Tritt folgt. Und gerade habe ich in seinen Augen die pure Panik gesehen. Aber nicht nur das. Ich habe auch den Blick des Jägers gesehen. Er hat mich aufs Korn genommen."

„Oma", stöhnte Kerstin Weiß, „du redest ein solches Blech. Wieso sollte denn Sforza seinen Mandanten Maureso umbringen? Da gibt es doch gar kein Motiv."

„Weiß ich nicht", gab Martha Grimm zu. „Irgendwelche Mafiageschichten. Maureso hatte offenbar einen Zahltag angesetzt. Er wollte noch einmal absahnen, bevor er sein Revier räumt. Vielleicht haben sich die beiden um Geld gezofft."

„Weißt du, es ist wirklich gut, wenn man irgendwann in Pension geht. Allerdings hast du seitdem anscheinend völlig vergessen, was Polizeiarbeit ist. Wir sind hier doch nicht bei Grimms Märchen."

„Den Witz haben andere schon vor dir gemacht, meine Liebe", giftete Martha Grimm. „Wir führen ja auch nur ein Dienstgespräch. Da äußert man Hypothesen und Theorien. Das ist völlig normal. Natürlich muss das alles noch ausermittelt und durch Beweise erhärtet werden. Ich verstehe mein Handwerk durchaus, Liebes."

„Und ich brauche einen starken Kaffee", sagte die Kriminaloberkommissarin. Sie ging zur Kaffeemaschine und füllte sich eine Tasse. Überrascht stellte sie fest, dass ihre Hände vor Aufregung und Wut zitterten.

„Ich brauche Polizeischutz", sagte Martha Grimm.

„Rede keinen Unsinn, Oma", erwiderte Kerstin Weiß. „Ich bringe dich jetzt in dein Appartement, du legst dich etwas hin, und alles wird gut."

„Er hat es auf mich abgesehen. Willst du schon wieder mein Leben aufs Spiel setzen?"

„Was heißt schon wieder?"

„Erst vor ein paar Wochen hat ein Killer versucht, mich umzubringen. Im Schwimmbad. Hast du das bereits vergessen?"*

„Nein. Schließlich war ich es, die dich gerettet hat. In allerletzter Sekunde. Hat mir übrigens ein Disziplinarverfahren eingebracht. Allerdings habe nicht ich dein Leben aufs Spiel gesetzt. Das warst du schon selber."

„Mag ja sein. Jetzt bin ich wieder in Gefahr."

„Bist du nicht. Du hast dir nur eine wilde Räuberpistole ausgedacht."

„Na gut, dann schließe ich mit dir jetzt eine Wette ab. Ich verlasse die Dienststelle durch den Vordereingang, du lässt mich dort ganz umständlich in deinen Wagen steigen, und dann fahren wir ein bisschen durch Schweinfurt. Ich wette mit dir um hundert Euro, dass wir sofort einen Verfolger hinter uns haben werden, der uns nicht von der Pelle rückt."

„Du treibst mich in den Wahnsinn", sagte Kerstin Weiß.

„Das ganze Leben ist Wahnsinn, Liebes", erwiderte Martha Grimm. „Also, was ist nun? Gilt die Wette?"

„Okay, sie gilt. Hundert Euro? Da mache ich mir morgen mit Blacky einen schönen Abend. Ich muss ihn sowieso mal wieder ein bisschen aufmuntern. Ich glaube, er leidet manchmal etwas an mir."

„Selbsterkenntnis ist der erste Weg zur Besserung."

„Danke gleichfalls, Oma."

★

Silvio Sforza war in seinen Jaguar gestiegen und hatte zum Handy gegriffen.

---

* Bezieht sich auf das Ende von „Herbstzeitlosen" (Schweinfurter Kriminalroman 6)

„Krümmel? Wo steckst du? ... Im Büro? Pass auf, die Sache geht weiter. Du begibst dich schleunigst in dieses Altersheim und schaust dir genau an, wo und wie die alte Schachtel da wohnt ... Was? ... Ja, klar kriegst du dafür eigens Kohle. Also, ich will wissen, wie ihr Stockwerk aussieht, welche Fenster es gibt, Notausgänge, Feuertreppen, eben alles. Davon machst du mir eine Skizze und ein paar Fotos ... Genau, Fotos. Und du hast gesagt, sie wohnt im dritten Stock? Das ist dort doch ziemlich hoch, oder? ... Sehr hoch sogar? Gut, also dann mach deine Arbeit und melde dich so schnell wie möglich."

Er sah auf die Uhr. Es war noch genügend Zeit. Er brauchte jetzt dringend Ablenkung und Entspannung. Wieder griff er zum Handy.

Sie meldete sich sofort. Ihre jugendliche Stimme erregte ihn schon jetzt.

„Ich bin auf dem Weg zu dir", sagte er. „Mach dich rasch fertig. Ich will dich wie immer."

*

„Warum haben wir nicht dein Auto genommen?", fragte Martha Grimm. „Der weiße Mini ist doch viel auffälliger als dieser blödblaue Audi. Nicht, dass ich deswegen auch noch meine Wette verliere."

„Das überlässt du mir, ja?", erwiderte Kerstin Weiß. Der gereizte Tonfall schien bei ihr heute chronisch geworden zu sein. „Erstens ist im Mini nicht genügend Platz für dich, und zweitens muss ich danach noch dienstlich weiter."

„Wohin denn?"

Kerstin Weiß gab keine Antwort, schüttelte nur den Kopf und fuhr weiter die Mainberger Straße entlang.

„Fahr etwas langsamer", befahl Martha Grimm. „Ist er schon hinter uns?"

Die Kriminaloberkommissarin sah in den Rückspiegel.

„Nein, da ist niemand."

„Na ja, er ist halt Profi. Spätestens nach der nächsten Ampel muss er aber Farbe bekennen."

Die Verkehrsampel an der Kreuzung zum Oberen Marienbach zeigte für Rechtsabbieger Grün. Kerstin Weiß bog rasant ab.

„Nicht so schnell", rief Martha Grimm. Sie drehte sich mühsam um und schaute nach hinten. „Wenig Verkehr heute. Seltsam, wo ist er denn? Halt mal an der Tankstelle da vorne an."

„Wieso das denn?"

„Du musst ihm schon eine Chance geben. Und mir für meine Wette auch."

Kerstin Weiß grinste. Sie setzte den Blinker, fuhr auf das Areal der Tankstelle und stellte den Motor ab. In Martha Grimms Handtasche klingelte das Handy. Sie kramte hastig danach.

„Hallo? Hallo? ... Ach, Lucius, Sie sind's ... Gibt es Neuigkeiten?"

Kerstin Weiß sah ihre Großmutter beunruhigt an.

„Viel habe ich nicht", sagte Kriminalkommissar Lucius Römer. „Im Auswärtigen Amt hält man sich äußerst bedeckt. Aber ein Kumpel von früher, der jetzt beim BND ist, hat ein bisschen rumgeforscht. Also, dieser Minister Ho – den Nachnamen kann ich nicht aussprechen – war nach dem Vietnamkrieg Leiter eines ziemlich berüchtigten Umerziehungslagers im Mekongdelta. Danach war er beim Geheimdienst, ist ins Politbüro aufgerückt und erhält jetzt anscheinend sein Gnadenbrot auf einem eher unwichtigen Ministerposten. Vor allem soll er aber ein recht umtriebiger Geschäftsmann mit internationalen Beziehungen sein. Mehr weiß ich nicht."

„Ich bin beeindruckt, Lucius", antwortete Martha Grimm. „Das ist sehr viel."

Sie bedankte sich euphorisch und legte auf.

„Wer war das?", fragte Kerstin Weiß.

„Ach, das geht dich nichts an. Du sagst mir ja auch nicht alles."

„War das etwa der Kollege Lucius Römer?"

„Kann sein. Wir haben uns ein bisschen angefreundet. Er weiß unendlich viel."

„Ich werde mit ihm sprechen", sagte Kerstin Weiß drohend. „Und ihn über dich aufklären."

„Tu das." Martha Grimm sah sich nach allen Seiten um.

„Niemand da", stellte sie fest. „Wir können ihn doch nicht abgehängt haben, oder?"

„Oma, da war nie jemand, glaub mir. Ich bin darin ausgebildet worden, Observationen durchzuführen. Und ich weiß auch, wie man einen Beschatter erkennt. Uns ist niemand gefolgt. Kostet hundert Euro."

„Fahr erst mal weiter in die Stadt. Dann werden wir ja sehen."

„In die Stadt? Ich bringe dich in die Seniorenresidenz. Um einen neutralen Ausdruck zu gebrauchen."

„Ich habe noch in der Stadt zu tun."

„Mir wäre es lieber, du gehst jetzt in dein Appartement, machst die Tür hinter dir zu und bleibst dort."

„Und warum?", fragte Martha Grimm.

„Warum, warum … Damit du nicht wieder auf dumme Gedanken kommst. Und zu deiner Sicherheit."

„Ach, zu meiner Sicherheit?" Die Frage war ein einziger Triumph. „Auf einmal? Habe ich also doch recht?"

„Nein, hast du nicht. Ich meine es nur ganz allgemein. Ich will mir nicht ständig Sorgen machen müssen."

„Seit wann machst du dir Sorgen um mich?"

„Ich mache mir immerzu Sorgen."

„Das ist ja was ganz Neues. Aber es beruhigt mich. Hier hast du deine hundert Euro." Martha Grimm zog ihr Portemonnaie aus der Tasche und fischte zwei Scheine heraus. „Haut sie ordentlich auf den Kopf. Und nun setzt du mich am Marktplatz ab. Ich mache meine Besorgungen, dann nehme ich ein Taxi und leg mich brav für ein Nachmittagsschläfchen aufs Ohr. Musst dir heute keine Sorgen mehr um mich machen."

19

Ilse Bayer öffnete die Haustür und sah Kriminaloberkommissarin Kerstin Weiß ärgerlich an.

„Kann man meinen Mann nicht einmal dann in Ruhe lassen, wenn er eine Lungenentzündung hat?"

„Es wird nicht lange dauern, Frau Bayer, ich muss nur kurz mit ihm reden."

„Diese Sprüche kenne ich seit fast vierzig Jahren", zeterte Ilse Bayer. „Es wird nicht lange dauern, ich bin nur kurz mal weg, ich bin gleich wieder da, am Wochenende habe ich frei, morgen habe ich Zeit ... blablabla ..."

Der Leiter der Schweinfurter Mordkommission lag in eine Decke gewickelt auf dem Sofa und hatte vom Fieber gerötete Wangen.

„Ach du bist's, Kerstin", sagte er matt. „Ist das jetzt ein Krankenbesuch, oder kommt ihr ohne mich nicht klar?"

„Es geht schon", antwortete Kerstin Weiß. „Und ich will dich auch gar nicht mit aktuellen Details behelligen. Aber ich brauche dringend Informationen über einen früheren Kollegen: Kriminalhauptkommissar Kurt Schweiger."

„Drogenkurt", sagte Wolfram Bayer überrascht. „Der ist doch längst tot, oder?"

„Anscheinend nicht. Er wurde dieser Tage in Schweinfurt gesehen. Warum soll er tot sein?"

„Das wurde immer mal kolportiert. Erst hieß es, er sei in

der Karibik. Dann galt er als verschollen. Irgendwann tauchte das Gerücht auf, er sei ziemlich jämmerlich zugrunde gegangen. Frag mich nicht, wer das in die Welt gesetzt hat. Jedenfalls haben es schließlich alle geglaubt, und seitdem hat keiner mehr von ihm geredet. Er ist wieder da, sagst du?"

„Offensichtlich. Ich lasse gerade nach ihm suchen. Was muss ich über ihn wissen, Wolfram? Was ist damals passiert? Und gab es eine Verbindung zwischen ihm und Franco Maureso?"

„Mein Gott, viele Fragen für einen kranken Mann. Und es ist so lange her. Der Drogenkurt ... Er hatte eine Marotte ... Er zählte die Zeit immer in Tagen. Ich erinnere mich sogar noch an seine Begründung. Wenn ich mal in den Knast wandern sollte, sagte er, dann mach ich für jeden Tag ein Kreuz an die Zellenwand. Dreitausendsechshundertfünfzig Tage ... das klingt nicht so schlimm wie zehn Jahre, obwohl es auf das Gleiche rauskommt. Tja, im Knast ist er dann ja nicht gelandet ... Willst du einen Tee?"

„Nein, danke", sagte Kerstin Weiß. „Was war damals?"

„Kurt Schweiger war ein schwieriger Mensch. Ungemein gebildet übrigens, er hatte alle Bücher gelesen, die man lesen sollte. Ungeheuer schlau und schnell im Kopf. Ehrgeizig. Ein Superbulle. Und ein korruptes Schwein. Wir hätten's eher wissen können. Er wollte hoch hinaus, lebte über seine Verhältnisse, spielte, hatte Schulden. Zu allem Überfluss hat er auch noch die Tochter seines Chefs gevögelt. Manu, die schöne Manu ... Waren das Zeiten damals ..."

Warum, dachte Kerstin Weiß, verlieren sich Männer ab einem gewissen Alter so gern in merkwürdigen Erinnerungen?

„Und weiter?", fragte sie.

„Ehrlich, es hat keiner geahnt, auf welchen krummen Touren Drogenkurt nebenbei unterwegs war. Na ja, es ging damals auch noch anders zu als heute. Die beiden italienischen Mafiaclans hatten sich die Geschäfte aufgeteilt, es war alles auf eine gewisse Weise ehrlich ... so absurd das klingt. Nicht wie heute, wo Russen, Tschetschenen, Aserbaidschaner und Albaner, Georgier und Ukrainer ihre gottverdammten Kriege untereinander austragen und kein bisschen Ehre im Leib haben."

„Können wir bei Kurt Schweiger bleiben?", sagte Kerstin Weiß.

„Bin ich doch. Also, Kurt hat fleißig mitgemischt, die beiden Familien gegeneinander ausgespielt, erst nur Schmiergelder kassiert, um dann selber mit ins Drogengeschäft einzusteigen. Er war übrigens nicht allein, hat den Kollegen Hugo Krümmel mit reingezogen, beide dachten, sie könnten sich eine goldene Nase verdienen und dann die große Flatter machen. Ja, und was dann geschah, wurde nie aufgeklärt. Bei einem Einsatz ist Schweiger offenbar in einen Hinterhalt geraten und wurde niedergeschossen. Erst hieß es, es sei eine missglückte Razzia gewesen, dann tauchte das Gerücht auf, er habe Franco Maureso liquidieren wollen, der sei ihm aber zuvorgekommen. Vielleicht hatten die beiden wegen ihrer Geschäfte Zoff miteinander, keine Ahnung."

„Wer war Franco Maureso?"

„Damals ein Jungspund, ein kleines Licht in der 'Ndrangheta, ein mieser Dealer. Es wurde gegen ihn ermittelt, aber Kurt Schweiger hat dichtgehalten und immer gesagt, er wisse nicht, wer auf ihn geschossen hat. Später wurde der Grund dafür klar: Er war zu sehr in alles verstrickt, als dass er das Fass nur einen Millimeter hätte aufmachen können."

„Und dann?"

„Das geht fast über meine Kräfte", stöhnte Wolfram Bayer. „Aber es ist auch nicht mehr viel zu sagen. Maureso ist für einige Jahre aus Schweinfurt verschwunden, irgendwann war er wieder da und hat den Ehrenmann gegeben. Kurt Schweiger hatte echtes Pech. Die Schusswunden im Gesicht waren schon übel genug, aber dann lief auch noch die Operation schief, es hieß, er sei quasi ins Koma operiert worden. Nach ein paar Monaten ist er aufgewacht, aber er sah grässlich aus. Verunstaltet und gezeichnet fürs Leben. Er galt als schwerbehindert, doch er wollte unbedingt in den Dienst zurück. Da blieb er dann aber nicht mehr lange, denn eines schönen Tages war er weg – und mit ihm eine solche Menge an Heroin und Kokain, dass er sich vom Erlös wahrscheinlich eine kleine Karibikinsel kaufen konnte. Von ihm selbst haben wir nie mehr etwas gehört, es gab, wie gesagt, nur windige Gerüchte."

„Wurde denn kein Zielfahnder auf ihn angesetzt? Das wäre doch das Mindeste gewesen in einem solchen Fall."

„Ich weiß es nicht. Sagen wir so: Es gab von höherer Stelle kein Interesse, die ganze Sache wirklich aufzuklären. Als sichtbar wurde, wie tief Drogenkurt seine Finger in der Dreckbrühe dringehabt hatte, wollte keiner mehr genau hinschauen. Das galt auch für die Frage, wie er eigentlich an so viel Stoff herankommen konnte."

„Und warum wollte keiner hinschauen?"

„Ach, Kerstin, manchmal frag ich mich, ob du nicht naiv bist. Glaubst du, er war der einzige, der in schmutzige Geschäfte verwickelt war? Die Gefahr, dass bei internen Ermittlungen noch weitere Bedienstete und Politiker dieses Staates auffliegen könnten, war den höheren Herren wohl zu groß."

„Womit wir mal wieder bei obskuren Verschwörungstheorien wären."

„Ich lach mich krank", sagte Kriminalhauptkommissar Wolfram Bayer und begann fürchterlich zu husten. Seine Frau kam ins Wohnzimmer geeilt und sah Kerstin Weiß böse an.

„Der ganze Dreck muss raus", flüsterte Wolfram Bayer, als der Hustenanfall abgeklungen war. „Und ich will jetzt meine Ruhe."

★

Verblüfft betrachtete Martha Grimm ihr Handy. Mit dieser Wendung hatte sie nicht gerechnet. Sie überlegte kurz, dann rief sie Blacky an. Er meldete sich mit verschlafener Stimme.

„Habe ich Sie geweckt?"

„Ja." Brummig, unfreundlich, genervt.

„Das tut mir leid. Ich hätte dran denken sollen. Ein Morgenmoderator muss ja irgendwann schlafen. Kann ich eben mal zu Ihnen kommen?"

„Wie bitte?"

„Ja, ich muss etwas mit Ihnen besprechen. Es ist ein wenig heikel. Kein Thema fürs Telefon, finde ich."

„Da es ja bestimmt um die Stalkerin geht", sagte Blacky, „das hat sich wohl erledigt. Sie dürfte einen Fehler gemacht haben, und ich werde wahrscheinlich ziemlich schnell erfahren, wer sie ist. Hoffe ich wenigstens."

„Ach", meinte Martha Grimm, „das könnte ich Ihnen auch sagen. Aber darum geht es nicht. Es geht um Chiara Gabrieli."

Totenstille.

„Hallo, sind Sie noch da?", fragte Martha Grimm.

„Sagen Sie das noch einmal."

„Es geht um Chiara Gabrieli."

„Wo sind Sie?"

„Auf dem Marktplatz. Neben dem Denkmal."

„Bleiben Sie dort. Ich bin in fünf Minuten bei Ihnen."

„Aber ich wollte doch zu Ihnen kommen."

„Ich bin schneller als Sie. Bis gleich."

Martha Grimm plagte ein klein wenig das schlechte Gewissen, weil sie ihre Enkelin angeschwindelt hatte. Aber wenn sie ihr gesagt hätte, was sie an diesem Tag noch alles vorhatte, hätte Kerstin sie umgehend ins Heim gebracht und dort in ihrem Zimmer eingeschlossen. Sie umrundete Friedrich Rückert auf seinem Sockel und versuchte wieder einmal, sich mit dem strengen Gesicht des Mannes da oben anzufreunden – was ihr erneut nicht gelang. Sie fand auch die Gedichte, die sie von ihm gelesen hatte, nicht wirklich zu Herzen gehend. Er war ein Sprachakrobat gewesen, der seine wahren Gefühle hinter gedrechselten Versen verborgen hatte.

Ziemlich außer Puste kam Blacky über den Marktplatz gerannt und blieb vor ihr stehen.

„Das war ja wirklich schnell", sagte Martha Grimm. „Wir müssen gleich weiter. Wo ist Ihr Auto?"

„Ich habe keins. Die Barchetta fährt Lothar, der ist aber nicht zu erreichen. Und der Ford ist platt."

„Also wieder ein Taxi", entschied Martha Grimm. „Allmählich geht's doch ins Geld."

„Wohin fahren wir denn?"

„Zur Pizzeria ‚Da Franco', Mauresos Witwe wartet auf uns. Ich habe sie angerufen und gefragt, ob ich mit ihr sprechen kann, aber sie hat darauf bestanden, dass Sie mit dabei sind. Warum genau, weiß ich nicht. Sie hat nur gesagt, Sie wüssten, wer Chiara Gabrieli war. Also, wer ist Chiara Gabrieli?"

Sie gingen zum ersten freien Taxi und stiegen ein.

„Fahren Sie langsam", wies Martha Grimm den Fahrer an. „Wir müssen noch etwas besprechen."

„Chiara Gabrieli war eine junge Frau", sagte Blacky. „Ich habe sie nur eine halbe Stunde gekannt. Sie wurde am Palmsonntagabend hier in der Nähe erstochen."*

„O Gott, warum denn?"

„Eine dumme Eifersuchtsgeschichte. Die tut nichts mehr zur Sache. Wesentlich ist etwas ganz anderes. Chiara war Jurastudentin und recherchierte auf eigene Faust, was mit ihrer kleinen Schwester Laura geschehen war. Laura war erst entführt worden, später wurde ihre Leiche in einem See in der Nähe von Schweinfurt gefunden. Chiara war nahe dran, die Hintergründe dieses Verbrechens aufzudecken, aber dann ist sie auf so blöde Weise ums Leben gekommen. Mir ist es schließlich gelungen, die Mörderin von Laura zu überführen. Trotzdem könnte es sein, dass hinter der ganzen Geschichte noch mehr steckt."

„Wie meinen Sie das?"

„Das ist sehr kompliziert, Frau Grimm. Es gibt Aufzeichnungen von Chiara Gabrieli, die darauf schließen lassen, dass sie irgendwelchen Hintermännern zu nahe gekommen ist, deren Namen sie sogar nennt. Sie hat diese Aufzeichnungen eine Studie des Schreckens genannt."**

„Interessant. Eine Anspielung auf Sherlock Holmes und den ersten Roman von Sir Arthur Conan Doyle."

„Richtig. Daraus geht hervor, dass Chiara schreckliche Angst hatte. Warum und vor wem auch immer. Ich habe

---

* Siehe „Karfreitagszauber" (Schweinfurter Kriminalroman 2)
** Siehe „Walpurgisnacht" (Schweinfurter Kriminalroman 3)

mich inzwischen manchmal sogar gefragt, ob die eifersüchtige Ehefrau wirklich die Täterin war – oder ob alles ganz anders gewesen ist. Aber was hat das mit der Witwe von Franco Maureso zu tun?"

„Keine Ahnung", sagte Martha Grimm. „Ich denke, wir werden es gleich erfahren."

Die Trattoria hatte noch immer geschlossen, aber vor der Tür stand eine Frau in schwarzer Trauerkleidung und rauchte. Sie mochte Mitte fünfzig sein, hatte ein strenges Gesicht mit hohen Wangenknochen und eine wilde Mähne rötlich gefärbter Haare.

„Da sind Sie ja", sagte sie. „Ich bin Oriana Maureso. Kommen Sie rein."

Die Trattoria war ganz und gar italienischer Folklorekitsch. Es war niemand da, es brannte kein Licht, Tristesse zog durch den Raum, längst aus der Mode gekommene Chiantiflaschen standen traurig auf einem Sims.

„Wollen Sie etwas trinken?", fragte Oriana Maureso. „Kaffee, Wasser, Wein?"

Sie schüttelten beide den Kopf, als hätten sie sich abgesprochen. Die Witwe setzte sich an einen Tisch und wies auf die Stühle, die davorstanden. Sie hatte die Zigarette mit ins Lokal genommen, rauchte weiter und ließ die Asche auf den Boden fallen.

„Ich weiß es zu schätzen, dass Sie sich für uns Zeit nehmen", begann Martha Grimm. „Und ich möchte Ihnen natürlich auch mein Mitgefühl zum Tod Ihres Mannes aussprechen."

„Das können wir uns sparen", meinte Oriana Maureso.

Ihre Stimme war tief und dunkel.

„Sie sagten, Sie wollen über unseren Rechtsanwalt mit

mir sprechen. Ich möchte zuerst über Chiara Gabrieli reden."

Sie sah Blacky aufmerksam an.

„Sie sind also Blacky Schwarz ... Ich kenne Sie aus dem Radio. Wahrscheinlich wundert es Sie, warum ich Signora Grimm gebeten habe, Sie mitzubringen?"

„Ehrlich gesagt, schon", antwortete Blacky. „Und woher wissen Sie eigentlich, dass Frau Grimm und ich uns kennen?"

„Ach, ich weiß so allerhand. Ich weiß, dass Signora Grimm die Oma von Kriminaloberkommissarin Weiß ist, mit der sie gestern vor unserem Lokal gestanden hat. Und ich weiß, dass die Polizistin Ihre Freundin ist."

„Ich bin erstaunt."

„Schweinfurt ist eine kleine Stadt. Und Italiener reden gerne. Vor allem über andere. Außerdem interessiere ich mich schon länger für Sie. Denn ich weiß, dass Sie es waren, der Chiara geholfen hat, als sie im Park überfallen wurde."

„Das wissen Sie?", fragte Blacky erstaunt.

„Sie hat es mir erzählt. An dem Sonntag, an dem sie ermordet wurde. Sie war sehr angetan von Ihnen, glaube ich. Vielleicht hätte daraus etwas werden können, wer weiß ..."

Blacky schloss die Augen. Erinnerungen überfluteten ihn. Die aparte Schönheit der jungen Frau mit den langen dunklen Haaren und den großen Augen. Die blutende Schnittwunde an ihrem Arm, die er verbunden hatte. Und dann der Anblick ihrer Leiche, nur einen Tag später, auf dem Asphalt des Wenkheimer Gäßchens, als der tote Körper überhaupt keine Ähnlichkeit mehr mit Chiara gehabt hatte.

„Sie müssen wissen, ich bin ihre Tante", sagte Oriana Maureso. „Chiaras Mutter und ich sind Schwestern. Ich kenne die ganze Geschichte."

„Die ganze Geschichte?"

„Die ganze Geschichte, si. Man erzählt sich, dass Sie es waren, der Chiaras Mörderin gestellt hat. Und dass Sie herausgefunden haben, wer unsere kleine Laura umgebracht hat. Die Hexe soll dafür auf ewig in der Hölle braten."

„Ich wusste gar nicht, dass man von mir redet", sagte Blacky.

„Wir Italiener reden viel, sehr viel sogar. Aber manchmal müssen wir auch schweigen."

Oriana Maureso wandte sich an Martha Grimm.

„Und deshalb kann ich Ihnen über Silvio Sforza auch nichts sagen", erklärte sie. „Chiara hat mir alles erzählt, was sie über ihn wusste. Aber ich muss schweigen."

„Und warum?", fragte Martha Grimm.

Die Italienerin zündete sich eine neue Zigarette an.

„So ist das bei uns", sagte sie.

„Moment", rief Blacky. „Es geht um Silvio Sforza, den Anwalt?"

„Kennen Sie ihn?", fragte Martha Grimm.

„Nur flüchtig. Ich habe ihn aber vorhin im Wartezimmer der Kripo gesehen. Sein Sohn Fausto war an der Ermordung der kleinen Laura beteiligt. Und er wird in den Aufzeichnungen von Chiara als einer der verdächtigen Hintermänner genannt."

„Dann haben Sie doch alles, was Sie wissen wollten", sagte Oriana Maureso zu Martha Grimm. „Sie sollten jetzt gehen. Es ist gefährlich, über solche Dinge zu sprechen."

★

„Mir schwirrt der Kopf", klagte Martha Grimm, als sie im Freien vor der Trattoria standen. „Und ich habe nur die Hälfte kapiert. Können wir ein paar Schritte laufen?"

Sie gingen die Luitpoldstraße entlang Richtung Innenstadt. Es war kalt geworden, ein eisiger Wind pfiff ihnen entgegen. Martha Grimm spürte plötzlich ihr Alter.

„Was sollte das Ganze?", fragte sie.

„Ich weiß auch nicht", erwiderte Blacky. „Sie wollte uns etwas stecken, aber nichts sagen. Warum wollten Sie eigentlich über Silvio Sforza mit ihr reden?"

„Ich habe da so einen Verdacht. Und er erhärtet sich immer mehr. Ist dieser Sforza ein Drecksack?"

„Ich denke schon. In Chiaras Aufzeichnungen, dieser Studie des Schreckens, gibt es etliche Andeutungen über ihn. Sie hat vermutet, dass er ein Kinderschänder sei."

„Wo sind diese Aufzeichnungen eigentlich?"

„Bei mir daheim. Ich halte sie unter Verschluss."

„Und warum?"

„Weil sie vielleicht doch nur Hirngespinste sind. Ich bin mir nicht sicher. Chiara hat sich vieles zusammengereimt, aber die Wahrheit war dann doch anders."

„Wie war die Wahrheit denn?", fragte Martha Grimm. „Ich zucke immer zusammen, wenn ich das Wort ‚Wahrheit' höre."

„Die Wahrheit ... Eine schwer verunstaltete Frau, Rosemary Salem, die sich als Hexe fühlte, hat zusammen mit Sforzas Sohn Fausto, der ihr hörig war, zwei Kinder entführt, wie Hänsel und Gretel gemästet und schließlich umgebracht. Mehr konnte nicht ermittelt werden. Chiara hat über ein großes Komplott mächtiger Männer spekuliert, es wird einem schwindlig, wenn man das liest. Vielleicht ist es wahr, vielleicht ist es auch eine Art Roman. Ich weiß es nicht."

„Haben Sie mit Kerstin darüber gesprochen?"

„Nein", sagte Blacky. „Sie hasst Verschwörungstheorien."

„Ich weiß. Das hat sie von mir. Kann ich diese Studie des Schreckens trotzdem mal lesen?"

„Das muss ich mir überlegen. Vielleicht sollte man diese Sache einfach ruhen lassen."

„Überlegen Sie es sich. Aber jetzt muss ich wirklich ins Heim und mich ausruhen. Sonst schaffe ich den Abend nicht."

„Was haben Sie denn noch vor?"

„Eine gute Tat vollbringen. Wie eine alte Pfadfinderin. Jeden Tag eine gute Tat."

*

Es war nur eine kleine Unaufmerksamkeit von ihr gewesen, und er hatte sie genutzt. Über Stunden hatte Huong ihren Mann nicht aus den Augen gelassen, war um ihn herumgestrichen, sie hatte es sich sogar verkniffen, auf die Toilette zu gehen. Dann das Malheur, dass sie im Vorratsraum hinter der Küche eine Flasche Sojasoße vom Regal stieß, als sie mit einem Sack Reis hantierte. Sie holte Putzeimer und Lappen und begann, die schwarzbraune Lache aufzuwischen. Vielleicht eine Minute lang war sie zu sehr in die Arbeit vertieft, und als sie sich wieder umdrehte, war Trung fort.

Huong stieß einen leisen Schrei aus. Sie lief zur Arbeitsplatte, wo noch Gemüsereste und Zwiebelschalen lagen: Das Messer war weg.

Sie rannte hinaus auf die Straße und blickte sich nach allen Seiten um. Es war bereits dunkel, die Stadt war an diesem späten Freitagnachmittag voller Menschen, aber von Trung war nichts zu sehen.

Sie ging in den Imbiss zurück und inspizierte den Arbeitsplatz ihres Mannes genauer. Er hatte das Tuch mitgenommen, in das er immer sein Messer einschlug – und auch seine Kochschürze war nicht da, obwohl er sie für gewöhnlich selbst dann ablegte, wenn er zum Rauchen vor die Tür trat.

Mit zittrigen Fingern nahm Huong das Handy und wählte die Nummer, die die alte Dame ihr gegeben hatte. Niemand meldete sich, es dauerte, bis die blecherne Stimme der Mobilbox ihren Text geleiert hatte.

„Hallo, hier Huong. Mein Mann ist weg. Er hat sein Messer mitgenommen."

Sie legte auf, ging zum Hausaltar, auf dem eine Figur der Königin des Himmels, Thien Hau, stand, zündete drei Räucherstäbchen an, kniete sich auf den Boden, verbeugte sich tief und betete zu allen Ahnen, die sie kannte.

20

Original Schweinfurter Schlachtschüssel

Joe wirkte ernst und ungewohnt still, als Blacky ihn kurz vor sechs Uhr am Eingang der Schweinfurter Traditionsgaststätte *Mainlust* begrüßte.

„Du machst ein Gesicht, als würdest du auf eine Beerdigung gehen", sagte Blacky.

Joe lächelte versonnen.

„Des is es in gewisser Weise ja auch. Eine Sau wurde geschlachtet – wobei es bei der Menge der Gäste heute Abend mehrere Säue waren –, und jetzt tragen wir sie zu Grabe, indem wir sie in unsere Bäuche versenken."

„So kann man das natürlich auch sehen", meinte Blacky.

„Aber Spaß beiseite … Eine Schlachtschüssel ist eine feierliche Angelegenheit. Des darf man net unterschätzen. Jede Kultur hat ihre ureigene Tradition, und die heiligste Tradition in Schweinfurt ist nun mal dieses Gelage … vor allem die Martinsschlachtschüssel am heutigen Tag."

Blacky hatte Joe schon immer für einen etwas skurrilen Philosophen des Alltags gehalten, doch so gestelzt und abgehoben hatte er ihn noch nie erlebt. Auch seine völlig unübliche Kleidung verstärkte den irritierenden Eindruck: Er trug einen dunklen Anzug, ein weißes Hemd, und er hatte eine blaue Krawatte umgebunden. Blacky fühlte sich plötzlich falsch angezogen – Gammeljeans und Sweatshirt –, aber er war davon ausgegangen, dass eine Schlachtschüssel ein ziemlich legerer Anlass sei. Er beäugte die anderen Gäste, die in die *Mainlust* strömten, und stellte erleichtert fest, dass die allgemeine Garderobe stark variierte, von festlich-gedeckt bis freizeitmäßig-bunt war alles dabei.

„Geh'n wir rein", schlug Joe vor. „Wir müssen noch Brot schneid'."

„Brot schneiden?"

„Warst du noch nie bei 'ner Schlachtschüssel?"

„Nö", gab Blacky zu.

„Dann wirst du staunen. Wir sitzen am Tisch der Wirte und Gastronomen. Das ist der Tisch der Experten. Mach einfach das, was ich auch mach'."

„Ach, es gibt keine freie Platzwahl?"

„Bei der Martinsschlachtschüssel erst mal nicht. Die ist seit alters her streng reglementiert. Jeder sitzt da, wo er hingehört. Zumindest bis zur Pause. Dann mischt sich's für gewöhnlich."

„An welchem Tisch sitzen Lothar und Kerstin?"

Joe überlegte.

„Wahrscheinlich bei den Künstlern und Literaten. Die gibt's in Schweinfurt nämlich auch."

Im Gang vor dem großen Saal herrschte wildes Gedränge, jeder versuchte so schnell wie möglich Mäntel und Jacken an den eisernen Kleiderhaken aufzuhängen, die sich in Reih und Glied an der altehrwürdigen Holztäfelung entlangzogen. Aus dem Saal drang bereits gewöhnungsbedürftige urfränkische Tanzbodenmusik, und es gab schon hier draußen einige frischfrisierte Frauen, die lauthals mitsummten und dabei in die Hände klatschten. Blacky begann sich zu fragen, ob es wirklich die richtige Veranstaltung für ihn war.

Sie schlängelten sich durch die knäuelnde Menge zum Eingang des Saales. Dort hielt Olaf Röder, der Redaktionsleiter von Main-Radio Schweinfurt, Hof und begrüßte jeden, den er zu kennen glaubte. Er war seit Wochen im Krankenstand, weil er sich im späten Sommer beim Beachvolleyball am Baggersee den Fußknöchel gebrochen hatte. Neben ihm langweilte sich im kurzen Röckchen Valeria, die Praktikantin des Senders, weil sie niemanden kannte.

„Servus, Olaf", sagte Blacky. „Wie geht's denn?"

Olaf Röder zog ein finsteres Gesicht.

„Was machst du denn hier?"

„Na, was glaubst du wohl? Schlachtschüsseln."

„Ich wusste gar nicht, dass du auch eine Einladung hast. Eigentlich ist diese Veranstaltung sehr exklusiv."

„Ja, eben. Deshalb bin ich ja auch hier. An welchem Tisch sitzt du denn?"

„Natürlich am Tisch der Honoratioren", sagte Olaf Röder.

„Na dann. Ich wünsche euch einen guten Appetit. Vor allem dir, Valeria."

„Ich esse nur Sauerkraut", sagte Valeria.

„Sauerkraut macht lustig", erwiderte Joe.

*

Das würde nun also die letzte Etappe seiner langen Reise sein. Auch hier schloss sich ein Kreis. In der *Mainlust* hatte er einst mit seinen Eltern und seinem Paten die Konfirmation gefeiert. Er hatte seinen Kofirmandenanzug getragen und war noch ein braver Milchbubi gewesen. Schon damals wollte er Polizist werden. Einer, der zu den Guten gehörte. Einer, der immer auf der richtigen Seite stand. Wie ironisch das Leben doch sein konnte.

An die siebzehntausendfünfhundert Tage später stand er nun wieder hier, um seinem Kindheitstraum endgültig den Garaus zu machen.

Er hatte als Polizeibeamter in Schweinfurt, als Millionär auf den Bahamas, als gescheiterte Existenz in Thailand und Südfrankreich, als Tippelbruder in halb Europa viele der Paragraphen des Strafgesetzbuches verletzt, die er eigentlich hatte schützen wollen. Noch vor ein paar Monaten hatte er mehrere Banken überfallen, um sich endgültig aus dem Milchtopf herauszustrampeln. Natürlich hatte Hugo recht gehabt: Auf ehrliche Weise hatte er das viele Geld nicht erworben, um die Metamorphose einleiten zu können. Eine Verwandlung, die nur dazu dienen sollte, Rache zu nehmen – wie Edmond Dantès, der Graf von Monte Christo.

Nur eines hatte Kurt Schweiger noch nie getan. Er hatte noch nie einen Menschen getötet. Selbst als Drogenfahnder in einer Szene, in der es wüst und hoch herging, hatte er nie einen tödlichen Schuss abgegeben. Einmal war er dazu bereit gewesen, am schwärzesten Tag seines Lebens. Doch Franco Maureso war schneller, kaltblütiger, brutaler gewesen als er.

Heute, an diesem Abend, würde er zum ersten Mal töten. Er würde ein blutiges Zeichen setzen. Und dann würde er töten.

★

Joe klopfte zur Begrüßung auf das blank gescheuerte Holzbrett, das auf dem Tisch der Wirte und Gastronomen wie auch auf allen anderen Tischen lag. Da es sich um eine originale Schweinfurter Schlachtschüssel handelte, gab es keine Teller, nur Besteck und Gläser. Daneben kleine Häufchen von Salz, Pfeffer und geriebenem Meerrettich. Und Körbe mit Bauernbrot. Blacky wusste als Schweinfurter natürlich im Großen und Ganzen Bescheid, was ihn erwartete, aber der archaische Anblick der ungedeckten Tafel brachte ihn schon wieder ins Grübeln. Am meisten störten ihn die rotweißen Lätzchen, die dekorativ bereitlagen. War er im Kindergarten? Die anderen Gäste am Tisch kannten offensichtlich keine Bedenken, nur Vorfreude und gute Laune.

Der Saal der *Mainlust* war sehr groß, und es standen viele Tische mit Holzbrettern darin. Blacky versuchte sich einen Überblick zu verschaffen. Direkt hinter ihm war wohl der Tisch der Juristen, denn dort saß neben dem Oberstaatsanwalt und einigen Richtern, die er vom Sehen kannte, Silvio Sforza, der Rechtsanwalt. Es gab den Tisch der Ärzte, an dem er seinen Zahnarzt entdeckte, den Tisch der Handwerksmeister und eine Reihe von Tischen, die ihm bunt zusammengewürfelt vorkamen. Jedenfalls waren so gut wie alle da, die in der Stadt so etwas wie Rang und Namen hatten. Schräg gegenüber saßen Kerstin und Lothar, beide hatten schon ein Lätzchen um und schienen sich daran nicht zu stören. Als sich ihre Blicke endlich trafen, machte Kerstin Weiß große Augen und warf ihm ein Kusshändchen zu. Lothar schaute verdutzt, dann grüßte er mit emporgerecktem Daumen. Heiterkeit war unübersehbar angesagt.

„Bier gibt's keins, das is ä Sakrileg", erläuterte Joe. „Wir trinken Weißweinschorle, 'nen g'scheiten Silvaner halt. In der Halbzeit dann die ersten Schnäps'. Geht ja alles auf dich. Prost dem edlen Spender."

Ein Tusch der Musikkapelle, gefolgt von einem Marsch. Die Politik in grauen Anzügen hielt Einzug. Der Oberbürgermeister, schmächtig und klein samt Ehefrau, der Bundestagsabgeordnete Dr. Eugen Grob, groß und massig samt

Ehefrau. Neben ihm ein mittelgroßer Mann mit grauen Stoppelhaaren, einer sehr altmodischen Goldrandbrille und asiatischen Gesichtszügen. Er lächelte schüchtern und wusste offenbar nicht so recht, wie ihm gerade geschah. Zu beiden Seiten bullige Männer mit Knopf im Ohr, hinter ihm zwei Asiaten mit geschorenem Kopf, die wie Kung-Fu-Kämpfer aussahen.

„Das is der Minister aus Vietnam", sagte Joe. „Hoffentlich mag der auch ä Kesselfleisch. Net dass er meint, er kriegt jetzt gleich Schweinefleisch süßsauer."

Der Tross steuerte zum Tisch der Honoratioren, wo schon Olaf Röder und Valeria unter all den anderen saßen, die sehr wichtig waren in dieser Stadt und die alle bereits erwartungsfreudig ihre rotweißen Lätzchen umgebunden hatten.

Joe begann damit, akribisch genau Brotwürfel zu schneiden und sie wie alle anderen am Tisch akribisch genau aufeinanderzustapeln.

„Hat das einen Sinn?", fragte Blacky.

„Brotwürfel weiten den Magen", erhielt er zur Antwort. „Und planmäßige Vorbereitung ist alles. Damit man, wenn das Fleisch kommt, bereit ist für die Schlacht."

*

Sie schreckte hoch und sah besorgt auf die Uhr. Fast hätte sie verschlafen, aber sie war noch in der Zeit. Sie hatte nur ein paar Minuten dösen wollen und war in einen tiefen Schlaf gefallen. Kein Wunder bei diesen horrenden Tagen, an denen sie von früh bis abends auf den Beinen war. Warum tue ich das nur, dachte sie, als sie sich im Bad frischmachte. Eine dumme Frage … einmal Polizistin, immer Polizistin.

Ihr Handy zeigte eine Nachricht an. Huongs Stimme. Trung war also unterwegs. Sie hatte es nicht anders erwartet.

Der Taxifahrer war sofort im Bilde. „„Mainlust"", sagte er. „Schlachtschüssel. Ist das überhaupt noch was für Sie?"

„Wie meinen Sie das?"

„In Ihrem Alter ... so eine Fresserei. Und nur Schweinefleisch."

Martha Grimm stellte sich die Frage anders: Wann hatte sie heute eigentlich zum letzten Mal etwas gegessen? Die Antwort war ernüchternd klar: beim Frühstück, und das war sehr lange her. Andere Leute in ihrem Alter würden da zwischendurch schon mal zusammenklappen.

„Fahren wir noch kurz bei McDonald's vorbei", sagte sie. „Ich brauche einen Burger."

Der Blick des Taxifahrers irrlichterte zwischen Belustigung und Besorgnis.

„Da gehört schon echt was dazu", meinte er. „Vor einer Schlachtschüssel einen Burger."

★

Der Vorsitzende des *Vereins der Freunde der Martinsschlachtschüssel* begrüßte die Gäste, spannte den obligatorischen Bogen zwischen dem heiligen Martin, der seinen Mantel mit einem Bettler geteilt hatte, und dem Beginn der närrischen Jahreszeit – „Frohsinn und Barmherzigkeit schließen sich nicht aus" – und übergab das Wort an den Oberbürgermeister. Der versprach, keine großen Worte zu machen, weil ja alle hungrig seien, begann dann mit Friedrich Rückert und dessen poetischer Betrachtung des Namens Schweinfurt – „den mit Grauen man nur nennen kann" –, leitete zu einer historischen Reminiszenz an Georg Josua

Schwanhäusser über, der als Erfinder der Schlachtschüssel gilt, streifte den Diskurs über die exakte Datierung der ersten Schlachtschüssel – 1840 oder 1856 –, wies auf den Unterschied zwischen „Original Schweinfurter Schlachtschüssel" und „Schlachtschüssel nach Schweinfurter Art" hin und wünschte endlich allen einen guten Appetit, woraufhin der Bundestagsabgeordnete Dr. Eugen Grob sich erhob, alle begrüßte, die schon einmal begrüßt worden waren, dann die Wichtigkeit seiner Partei unterstrich, was die Bewahrung von Tradition und Brauchtum in Bayern und in Franken – „ein kleiner, aber feiner Unterschied" – anging, um schließlich den Gast „aus einem fernen Land im Fernen Osten" willkommen zu heißen – „der Einfachheit halber nenne ich ihn nur Ho, das kann jeder aussprechen" –, der heute Abend ein besonderes „Schmankerl" deutscher Kultur kennenzulernen die Gelegenheit habe – was abschließend für Eugen Grob Anlass war, noch ein wenig über die Bedeutung des Schweins in der deutschen und der vietnamesischen Kultur zu meditieren. Kleiner Beifall und große Erleichterung bei den Gästen, dass dieser Teil des Abends überstanden war.

Das *Fränkische Wirtshaus-Trio* stimmte nun das erste Schlachtschüssel-Lied an, dessen holpriger Text jedem außer Blacky, Kerstin Weiß und dem vietnamesischen Minister geläufig zu sein schien – danach wurde von einer jungen blonden Dame im halbechten Dirndl das berühmte Schlachtschüssel-Gedicht von Walter Zänglein vorgetragen, das offensichtlich als eine Art Tischgebet verstanden wurde.

Kellnerinnen schwärmten mit großen Bottichen aus und klatschten Berge von heißem Sauerkraut auf die Holzbretter. Ein Moment gespannter Stille, dann nahmen alle Gäste außer Blacky, Kerstin Weiß und dem vietnamesischen Minister wie auf ein unhörbares Kommando Messer und Gabel in die Hände und fingen an, damit wild auf den Tischbrettern herumzutrommeln.

Bin ich im Kindergarten, fragte sich Blacky schon wieder.

„Was soll das denn?", fragte er Joe, der hingebungsvoll trommelte.

„Damit werden die Metzger angelockt", war seine Erklärung. „Das war schon immer so. Und jetzt wird's wirklich ernst."

*

Phan Minh Trung hatte den Peugeot in einer Seitenstraße abgestellt und war die letzten Meter zu Fuß gegangen. Der Hof war hell beleuchtet, ein großer Kühlwagen stand dort, und es hatte von Metzgern in gestreiften Kitteln nur so gewimmelt, als er durch den Kücheneingang das Gasthaus betreten hatte. Niemand hatte ihn beachtet. Eine Weile war er dagestanden und hatte die Lage sondiert. Er begriff rasch, was hier ablief. Schweinehälften wurden vom Kühlwagen zur Küche gebracht, dort blitzschnell zerlegt, das Fleisch wurde sortiert und kleingeschnitten. Auf den Herden standen große Kessel, in denen Wasser brodelte. In Töpfen wurde Sauerkraut gekocht. Kochkunst, hatte Trung verstanden, war hier nicht gefragt, es ging darum, große Mengen an Schweinefleisch effizient zu verarbeiten und auf einfache Weise zu garen. Es gab auch weiter keine Köche, alles schien in der Hand der Metzger zu sein.

„Was stehst'n hier so rum", hatte ihn schließlich ein dicker Mann mit hochrotem Kopf angeherrscht. „Drin gibt's genug Arbeit."

Trung war in die Küche gegangen, hatte sein Messer aus dem Tuch gewickelt, sich ein Stück rohes Fleisch gegriffen und damit neben einen der Metzger gestellt. Er sah kurz zu, wie er hantierte, dann fing er an, es genauso zu zerlegen. Trung spürte, wie der Mann ihn dabei beobachtete.

„Geiles Teil, was du da hast", sagte er. „Das hat bestimmt 'n Heidengeld kost'."

„Ja, sehr teuer", antwortete Trung. „Japanischer Stahl."

„Bist du aus China?"

„Aus Vietnam."

„Ah, da bist du wegen dem Minister da."

Trung nickte. Damit war für Schweinfurter Verhältnisse alles besprochen und geklärt, keiner hinterfragte seine Anwesenheit, er war für die nächste Stunde in die Arbeitsabläufe integriert, die von den Metzgern routiniert durchgeführt und mit derben Sprüchen gewürzt wurden, von denen er kaum einen verstand. Die Fleischstücke wurden in einer offenbar festgelegten Reihenfolge in die Kessel geworfen und gekocht. Als eine gute Stunde vergangen war, stellte sich der dicke Mann mit dem roten Kopf in die Mitte der Küche und schrie: „Also, Leut', jetzt wird's ernst. Die Gäste sitzen alle, die Reden sind g'schwungen, grad wird das Lied g'sungen, dann kommt das Gedicht. Wir lassen'se danach ä Weil' trommeln, das erhöht die Spannung. Und dann muss es schnell geh'n, das Fleisch muss noch dampfen, wenn es auf die Bretter kommt."

★

„Es gibt sieben Gänge", dozierte Joe. „Am Anfang das Bauchfleisch, das kommt zweimal auf den Tisch. Viele mögen das sogar am liebsten. Die Regel is: vom fetten zum mageren Fleisch. Also Backe, Stich, Kamm und Bug. Dann ist Pause.

Danach kommt das Kopffleisch mit Ohren und Rüssel. Das ist scho' was ganz Feines. Zum Schluss die Innereien: Zunge, Herz und Niere."

„Faszinierend", sagte Blacky. Er sah zu Kerstin Weiß hinüber. Sie alberte mit Lothar herum und war bester Dinge. Na toll. Sie hatten Spaß, und er saß hier unter Wirten mit Lätzchen und musste sich Joes lokalpatriotische Ergüsse anhören. Der Abend drohte schon jetzt zum Desaster zu werden. Er mochte kein fettes Fleisch, er wollte auch kein mageres Fleisch. Er verabscheute Schweineohren und wollte an Schweinerüssel gar nicht denken. Innereien fand er zum Kotzen. Es war eine dämliche Idee gewesen, eine saudämliche Idee. Wie so oft im Leben gab es nur zwei Möglichkeiten: entweder aufstehen und gehen oder gute Miene zum blöden Spiel machen. Missmutig entschied er sich für das blöde Spiel, weil er keinen Bock hatte, jetzt irgendwo allein zu versauern. Außerdem hatte Joe gesagt, dass man in der Pause vielleicht Plätze tauschen könnte. Allerdings schien es, dass bis dahin Berge von Fleisch zu bewältigen waren.

Die Metzger hatten sich endlich anlocken lassen und kamen mit großen Kesseln aus der Küche nur so herausgequollen. Beifall brandete auf, die Kessel wurden abgestellt, scharfe Messer gezückt, mächtige Fleischstücke blitzschnell in Scheiben geschnitten und auf die Tische verteilt. Alle langten sofort zu, als wären sie seit Tagen ausgehungert. Ein kollektiver Seufzer der Wonne, des Wohlbehagens und der Fleischeslust drang unhörbar durch den Saal. Schweinfurt war jetzt Schweinfurt.

„Perfekt", sagte Joe und begutachtete die erste Scheibe Bauchfleisch, die vor ihm auf dem Brett lag. „Net zu dick und net zu dünn. So muss es sein."

„Aha", erwiderte Blacky.

„Mensch, hau rein! So was krieg'ste net jeden Tag. Beim Bauchfleisch kannst du übrigens das Fett großzügig wegschneid', wenn du's net magst. Einfach auf die Seite legen, die Metzger räumen's weg. Und klug disponieren, gell. Am Anfang net zu viel essen."

„Keine Sorge, das wird nicht passieren."

„Ah, das passiert allen Anfängern. Die fressen sich am Bauchfleisch satt, und dann fangen sie zu schwächeln an. Dabei kommt das Beste erst zum Schluss."

Blacky sah zu, wie alle um ihn herum ungeniert schmausten. Widerwillig nahm er sich eine Scheibe Fleisch, streute Salz und Pfeffer darüber. Gute Miene zum blöden Spiel machen. Er probierte vorsichtig. Es schmeckte nicht schlecht, das Fleisch war frisch und hatte Biss. Es schmeckte eigentlich sogar gut. Das Sauerkraut war würzig, das Bauernbrot aromatisch. Das Weinschorle war herb und gut gemischt. Er holte sich eine zweite Scheibe vom dampfenden Fleischberg.

*

Noch einmal dachte er an Oriana. Zweihundertneun Tage waren es gewesen. 5016 Stunden. Besoffen von Liebe.

Manu, die schöne Manu – mit ihr war es nur Spaß gewesen. Schon allein, weil sie die Tochter seines Chefs war. Sie hatte er gefickt. Oriana hatte er geliebt.

Bei seiner Pilgerfahrt durch die Vergangenheit hatte er einen weiten Bogen um die Trattoria gemacht. Er wollte das Risiko nicht eingehen, auf Franco zu stoßen, bevor es so weit war. Sein Racheplan war ausgeklügelt, vor über zehntausend Tagen hatte er ihn gefasst, seit fünfhundert Tagen hatte er sich in allen Einzelheiten ausgemalt, wie er Franco Maureso erst in Angst und Schrecken versetzen würde, um ihn sich dann zu schnappen und an einen verborgenen Ort zu bringen. Dort wollte er ihn quälen, unvorstellbar quälen, ihn die unzähligen Stunden seiner eigenen Qualen über Tage hinweg spüren lassen. Ganz zum Schluss wollte er ihm ins Gesicht schießen. Dreimal ins Gesicht schießen. Und dann seinen Kopf nehmen, nur seinen Kopf, ihn zu Oriana bringen, ihr den Kopf vor die Füße schleudern.

Sie wollte er am Leben lassen. Sie hatte ihm nichts getan. Sie hatte ihn nur verlassen.

Liebesschwüre, die nichts wert gewesen waren. Er hatte damals zu spät begriffen, dass sie Teil einer Familie war, Teil eines Clans, Teil eines Systems.

Er hatte Franco Maureso in einen Hinterhalt gelockt, um ihn zu liquidieren. Franco, den Komplizen, den Mitwisser seiner eigenen schmutzigen Geschäfte.

Franco, den Ehemann von Oriana.

Er hatte ihn ausschalten wollen, um ein neues Leben beginnen zu können, ein neues Leben mit Oriana.

Der erste Schuss auf Franco am Schwarzen Weg war danebengegangen. Pech. Maureso hatte die Chance genutzt. Kaltblütig. Brutal. An das Mündungsfeuer seines ersten Schusses konnte er sich noch erinnern. Die beiden nächsten Schüsse hatte er nicht mehr gehört.

Sie hatte sich nie mehr bei ihm sehen lassen. Sie hatte ihn nicht besucht, als er aus dem Koma erwacht war. Er hatte nur erfahren, dass sie mit Franco Maureso nach Italien gegangen war.

Und nun war sein minutiöser Racheplan im Nichts zerstoben. Weil irgendein Idiot Franco Maureso vor zwei Tagen umgelegt hatte. Blieb ihm also nur noch Eugen Grob, der

Arzt, der Chirurg, der besoffen gewesen war, als er ihn operiert hatte. Er hatte alles verpfuscht, wirklich alles, in grotesker Selbstüberschätzung seines Könnens, übermüdet, betrunken, unfähig. Seine Schuld war es, dass er ins Koma fiel, seine Schuld war es, dass sein Gesicht zerstört blieb, dass nichts mehr zu retten war. Zumindest er würde für diese Schuld heute büßen. Alles in allem war seine Schuld geringer, deshalb hatte er für ihn einen schnellen und gnädigen Tod bestimmt. So gerecht wollte Kurt Schweiger schon sein.

Mit dem Plastikkanister in der Hand überquerte er die Straße und ging auf die Eingangstür der *Mainlust* zu, als ihm ein Polizeibeamter in den Weg trat.

„Sie können heute Abend hier nicht rein", sagte er. „Geschlossene Gesellschaft."

Kurt Schweiger bemerkte, dass ihm der Polizist erschrocken ins Gesicht starrte. Die Reaktion aller Menschen seit zehntausend Tagen.

„Und die wird von der Polizei bewacht?", fragte er.

„Wir haben eine Sicherheitsstufe. Wegen eines Staatsgastes."

„Na, dann habe ich Pech gehabt." Kurt Schweiger nickte dem Beamten zu, ging die Straße weiter entlang, sah den beleuchteten Hof und den Kühlwagen. Ein Metzgergeselle im gestreiften Kittel stand daneben und rauchte. Sonst war niemand zu sehen.

Schweiger lächelte höhnisch. Die gleiche vertrottelte Truppe wie ehedem. Vorne stellten sie zur Dekoration ein Streifenhörnchen hin, und hinten blieb die Schwachstelle unbewacht. Der Metzger beachtete ihn nicht. Der Eingang führte links zur Küche, in der geschäftig gearbeitet wurde, und rechts zu einem Gang mit den Toiletten. Kurt Schweiger betrat die Männertoilette und schloss sich in einer der Kabinen ein.

✶

Martha Grimm stieg aus dem Taxi und blickte sich um. Wie Kriminalkommissar Lucius Römer gesagt hatte, gab es eine niedrige Sicherheitsstufe. Ein gelangweilter Polizeibeamter stand vor dem Eingang. Wo war wohl Trung? Am ehesten doch in der Küche. Sie spazierte die Straße hinunter, da war ein Hof, da stand ein Kühlwagen, da war der Kücheneingang.

Dilettanten, dachte sie, vorne stellen sie ein Streifenhörnchen hin, und hinten lassen sie die klassische Schwachstelle unbewacht. Sie warf einen Blick in die Küche und sah Trung zwischen den Metzgern, die hier arbeiteten. Er war emsig damit beschäftigt, Fleisch zu schneiden.

Sie ging den Gang entlang an den Toiletten vorbei und gelangte zu zwei Türen. Hinter der ersten war nur ein dunkles, kaltes Nebenzimmer. Als sie die zweite öffnete, schaute sie direkt in den großen Saal der *Mainlust*, wo an vielen Tischen viele Menschen saßen, die interessanterweise alle von Holzbrettern aßen, auf denen sich Berge von Fleisch türmten.

Martha Grimm verschaffte sich rasch einen Überblick, was nicht ganz einfach war. Endlich entdeckte sie an einem der Tische den Mann, den sie warnen musste. Sie schloss die Tür wieder, blieb im Gang vor den Toiletten stehen und überlegte, was nun zu tun war.

✶

Seit Silvio Sforza es mit der Prostata zu tun hatte, fand er das Leben weniger lustig. Mit dem Sex war es mühsamer geworden, es nervte, dreimal in der Nacht aus dem Bett zu müssen, und es war eine Plage, beim Pinkeln ewig dazustehen und auf das letzte Tröpfchen zu warten. Leider musste er wesentlich häufiger pinkeln als früher, was ziemlich lästig war. Mittlerweile musste er schon bei längeren Gerichtsverhandlungen unvermittelt um eine Pause bitten, und ihm wurde immer klarer, dass er demnächst unterm Messer seines Urologen liegen würde. Eine Vorstellung, die an seinem männlichen Selbstbewusstsein heftig nagte und ihm schlichtweg Angst machte.

Er war bereits nach der zweiten Portion Bauchfleisch auf dem Klo gewesen und hatte lange getröpfelt, jetzt kam gerade das leckere Kammfleisch auf den Tisch, und er musste schon wieder. Mit verlegenem Lächeln stand er auf, spürte die spöttischen Blicke der Kollegen im Rücken und verließ den Saal.

*

Es war nicht leicht gewesen, frisches Schweineblut aufzutreiben. Hugo Krümmel hatte gestern deswegen lange herumtelefonieren müssen.

„Was für eine bescheuerte Idee", hatte er gemotzt. „Du hast sie wirklich nicht alle."

„Wenn schon, denn schon", hatte er gesagt. „Wenn ich schon bei einer Schlachtschüssel an Grob rankomme, will ich auch Schweineblut für das Schwein."

„Bei einer Schlachtschüssel fließt gar kein Blut. Da wird doch nicht mehr vor Ort geschlachtet. Die Metzger bringen die Schweinehälften mit, und die sind dann längst ausgeblutet."

„Aber das wäre so ein starkes Symbol, verstehst du? Ein blutiges Zeichen."

„Spinner."

Schließlich war Hugo Krümmel in einer Großmetzgerei fündig geworden und widerwillig mit einem Plastikkanister losgezogen.

„Ich bin so froh, wenn du dich vom Acker machst", sagte er, als er zurückkam. „Nimm das Scheißblut und verschwinde."

„Ja", hatte Kurt Schweiger gesagt, „ich mach mich vom Acker. Endgültig."

In einer Kabine auf der Herrentoilette der Gaststätte *Mainlust* schraubte er jetzt den Verschluss des Kanisters auf, der mit frischem Schweineblut gefüllt war. Er holte die tschechische Pistole, die ihm Hugo Krümmel besorgt hatte, aus der Jackentasche und steckte sie so wie früher griffbereit in den Hosenbund.

★

Martha Grimm war die Ruhe selbst, als Silvio Sforza plötzlich vor ihr stand. Er hingegen glotzte sie an und schien fassungslos.

„Sehen Sie", sagte sie, „nun laufen wir uns schon wieder über den Weg."

Er gab keine Antwort, schüttelte nur den Kopf, aber in seinen Augen sah sie Wut und Hass. Dann zogen sich seine Augen zusammen, und nun war es der Blick des Jägers, der sein Opfer ins Visier genommen hatte. Er ging an ihr vorbei zur Tür der Herrentoilette.

★

Kurt Schweiger wollte dem Mann den Vortritt lassen, hielt ihm die Tür auf und begriff im selben Augenblick, dass der Mann ihn kannte. Er reagierte nicht wie alle anderen angewidert auf sein Gesicht, sondern sah ihn unendlich verblüfft an. Er schien etwas sagen zu wollen, presste dann aber die Lippen zusammen und betrat den Waschraum der Toilette. Kurt Schweiger ging auf den Gang hinaus, wo eine alte Frau mit silbernen Locken stand. Auch sie sah ihn an, sie sah ihn den Bruchteil einer Sekunde zu lange an, dann senkte sie die Augen, als wäre nichts gewesen. Diesen Blick kannte er: erst Entsetzen, dann ein Anflug von Mitleid, schließlich eine Art Scham darüber, zu lange gestarrt zu haben.

Als wäre seine Konfirmationsfeier erst gestern gewesen, wusste er genau, wohin er zu gehen hatte. Die Tür links führte zu einem Gastraum, die rechte Tür zum großen Saal.

★

Jedes Mal, wenn die Metzger Kessel mit frischgekochtem Fleisch in den Saal schleppten, konnte Trung von seinem Arbeitsplatz aus einen Blick auf die ausgelassene Gesellschaft dort werfen. Einmal war er, das Messer in der Hand, nahe an die Tür getreten, um sich einen Gesamtüberblick zu verschaffen. Der dicke Mann mit dem roten Kopf hatte ihn sofort zurückgescheucht, aber Trung hatte gesehen, was er sehen wollte. Eben wurde die Tür zwischen Küche und Saal wieder geöffnet, weil die Kessel mit dem letzten Gang vor der Pause hinausgetragen werden sollten, als ein lauter Schrei erscholl. Es war nicht der Schrei eines Einzelnen, es war der vielstimmige Schrei vieler Menschen, das schockartige Echo auf etwas, das eine Sekunde vorher lautlos geschehen war.

Trung packte sein Messer und schnellte zur Tür.

★

Silvio Sforza versuchte, so schnell wie möglich so viel Urin loszuwerden, dass er ein bisschen Erleichterung verspürte. Seine Gedanken ratterten. Es war Kurt Schweiger gewesen, rasiert, gut gekleidet. Was hatte er in der Hand gehalten? Einen Kanister. Was hatte er vor?

Hatte Eugen Grob recht gehabt? Wenigstens mit dem, was ihn betraf?

„Wenn dieser Schweiger wieder hier ist, habe ich vielleicht ein Problem, Silvio", hatte er gesagt. „Ja, ich habe große Scheiße gebaut. Ich habe diesen Bullen operiert und war dabei stockbesoffen. Na ja, vielleicht nicht stockbesoffen, aber schwer angetrunken. Ich war kein guter Chirurg, musst du wissen. War dem Stress und der ständigen Anspannung nicht gewachsen. Wenn ich Nachtdienst hatte, habe ich halt manchmal getrunken. An diesem Abend hatte ich viel getrunken. Es lief alles schief. Er fiel ins Koma. Als der Chef endlich kam und mich aus dem OP schmiss, hatte ich schon alles versaut. Ich habe danach kein Skalpell mehr angerührt. Ja, Silvio, heute wollte ich mal ehrlich zu dir sein."

„Und warum hast du nach so langer Zeit nun ein Problem?"

„Was ist, wenn er sich rächen will? Wenn Kurt Schweiger zurückgekommen ist, um sich auch an mir zu rächen? Erst ballert er Franco Maureso drei Schüsse ins Gesicht, aber war's das schon? Vielleicht hat er es auch noch auf mich abgesehen."

„Rache ist Blutwurst, Eugen", hatte er ihm geantwortet.

Vielleicht hatte Grob ja recht. Es konnte sein, dass Kurt Schweiger zurückgekehrt war, um sich zu rächen. Aber dann war er zu langsam gewesen. Dann war er, Silvio Sforza, ihm zuvorgekommen. Er hatte die Gelegenheit genutzt. Franco

Maureso würde nicht mehr reden. Dafür hatte er gesorgt. Er hatte diese rasiermesserscharfe Klippe einfach aus dem Weg geräumt.

Silvio Sforza schüttelte letzte Tropfen ins Urinal und ging zum Waschbecken. Während er die Hände unters Wasser hielt, sah er sich im Spiegel selber ins Gesicht. War es ein diabolisches Grinsen, was er da sah? Weil Kurt Schweiger gerade dabei war, sich unschuldig selber ans Messer zu liefern?

Als er die Tür öffnete und auf den Gang hinaustrat, hörte er aus dem großen Saal einen vielstimmigen Schrei panikartigen Entsetzens.

*

Manchmal wunderte sich Martha Grimm selbst darüber, wie schnell sie die Dinge immer noch begriff. In dieser Hinsicht war sie nicht alt geworden, da war sie nach wie vor die junge Kommissarin, die Karriere bei der Kriminalpolizei gemacht hatte in einer Zeit, als Frauen in der Regel noch keine Karriere dort machten – erst im Sittendezernat, dann bei der Mordkommission in Frankfurt.

Sie hatte den Mann mit dem fürchterlichen Gesicht gesehen und sofort gewusst, wer er war. Frankensteins Monster, wie ihn Blacky genannt hatte. Der frühere Drogenfahnder, der ehemalige Kollege, dem ins Gesicht geschossen worden war. Von dem Blacky und Silvio Sforza berichtet hatten.

Er war mit einem Plastikkanister in der Hand an ihr vorbeigegangen und hatte den großen Saal betreten. Sie blieb noch kurz im Gang stehen und überlegte fieberhaft. Dann folgte sie ihm.

Im Saal schlugen ihr Frohsinn und ein fettiger Geruch

von Schweinefleisch entgegen. Der Mann ging zielstrebig durch die Tischreihen. Niemand nahm von ihm Notiz. Martha Grimm machte noch ein paar Schritte und blieb urplötzlich stehen. Denn sie begriff, dass sie nichts mehr tun konnte. Sie war nur Zuschauerin bei dem, was sich wie auf einer Bühne sekundenschnell vor ihr abspielte.

✶

Kurt Schweiger blieb vor dem Tisch stehen, an dem eindeutig die wichtigen Männer neben ihren nicht ganz so wichtigen Ehefrauen saßen. Hugo Krümmel hatte ihm eine Reihe von aktuellen Fotos gezeigt, aber er hätte sie gar nicht gebraucht. Es war unübersehbar, wer hier der Boss, der Oberpolitiker, der Meinungsführer, der Platzhirsch war. Er saß in der Mitte des Tisches, hatte wie alle anderen ein albernes Lätzchen umgebunden, ein massiger Mann mit gewaltigem Doppelkinn: Eugen Grob, der gerade dabei war, ein Stück Fleisch in den Mund zu schieben. Neben ihm ein schmächtiger Mann mit Goldrandbrille und asiatischen Gesichtszügen.

Er hatte die Bodyguards im Hintergrund schon bemerkt, als er auf den Tisch zugegangen war. Er wusste, dass er sehr wenig Zeit haben würde. Das blutige Zeichen würde kurz und knapp ausfallen müssen. Er hob den Kanister und schüttete das Schweineblut in einem heftigen Schwall über den Kopf von Eugen Grob. Dann ließ er den Kanister sofort fallen, zog die Pistole aus dem Hosenbund und richtete sie auf den Bundestagsabgeordneten, dem das Blut in roten Schlieren übers Gesicht lief.

In den Schrei des Entsetzens hinein, der durch den Saal gellte, rief er den Bodyguards zu: „Keine Bewegung, Jungs!"

Eugen Grobs Hände fuhren krampfhaft übers Gesicht, um das Blut abzuwischen.

„Schau mich an, Grob, du Schwein!", brüllte Kurt Schweiger. „Schau mir ins Gesicht, damit du weißt, warum du stirbst."

Eine Bewegung an seiner Seite, ein Schemen, der wie aus dem Nichts kam, Kurt Schweiger sah aus den Augenwinkeln das Blitzen eines Messers, er fuhr herum, versuchte auszuweichen, richtete die Pistole auf den Angreifer, aber das Messer war schnell, sehr schnell.

*

Trung wusste, dass ihm nur Sekunden bleiben würden. Die alten, so oft trainierten Reflexe waren plötzlich wieder da. Sehen, begreifen, handeln. Wie in den Gassen von Saigon, den Sümpfen des Mekongdeltas. Der Vietcong war schnell, er musste schneller sein.

Er sah, wie an dem Tisch, an dem sein Zielobjekt saß, einem Mann Blut über Kopf und Gesicht strömte. Er sah, wie ein anderer Mann mit einer Pistole vor ihm stand. Er begriff, dass er nur noch Sekunden hatte, seinen Auftrag auszuführen. Sekunden, bis die Leibwächter den Minister Nguyen Van Ho, den Folterknecht und Mörder seiner Kameraden, decken und schützend unter den Tisch zerren würden. Er begriff, dass er dann keine Chance mehr haben würde, an ihn heranzukommen.

Trung handelte. Er war mit wenigen Schritten am Tisch, wollte den Mann mit der Pistole beiseitestoßen, um sich auf Ho zu stürzen und ihm mit einer einzigen, blitzschnellen Bewegung seines *Hōchō* die Kehle durchzuschneiden. Doch der Mann mit der Pistole fuhr herum und richtete die Waffe auf ihn. Trung wusste, dass der Mann schießen würde. Aber Trung war schnell, und sein Messer war noch schneller.

Ein erster Schnitt trennt die Hand des Mannes ab. Sie fällt mit der Pistole zu Boden. Ein Stich trifft den Mann in den Rippen. Ein zweiter Schnitt schlitzt die Kehle auf. Eine Kehle, die von einem japanischen *Hōchō* durchgeschnitten wird, ist ein einziger, tief klaffender Spalt. Das Blut, das aus der Halsschlagader schießt, ist wie eine hellrote Fontäne.

Dann begriff Trung, dass er zu langsam gewesen war.

★

Silvio Sforza war in den Saal gerannt, er sah Martha Grimm zwischen den Tischen stehen, er sah, wie Kriminaloberkommissarin Kerstin Weiß hochgesprungen war und durch die Tischreihen hechtete. Er sah, wie Eugen Grob mit den Händen durch sein blutiges Gesicht fuhr. Er sah Kurt Schweiger mit einer Pistole in der Hand. Er sah, wie ein Mann auf ihn zuschnellte, ihm die Hand abschnitt, ihm ein Messer zwischen die Rippen stieß, ihm die Kehle durchschnitt. Er sah, wie Kurt Schweiger zu Boden fiel.

Die bulligen Männer und die asiatischen Kung-Fu-Typen rissen Eugen Grob und den vietnamesischen Minister von ihren Stühlen, stießen sie unter den Tisch, warfen sich auf sie, zogen Pistolen aus versteckten Halftern und sicherten den Tisch nach allen Seiten. Die anderen Honoratioren und ihre Ehefrauen suchten Deckung am Boden.

Der Mann mit dem Messer stand da und rührte sich nicht. Er stand da wie in Trance.

Im Saal war es nach dem ersten gellenden Schrei aller totenstill gewesen, jetzt brach Panik aus. Die Gäste der Martinsschlachtschüssel sprangen auf, warfen Stühle um, drängten zu den Ausgängen, verknäulten sich, Männer schrien sich an, Frauen schluchzten. Auf den Tischen dampfte das Fleisch.

Silvio Sforza kämpfte sich gegen die Menge nach vorn.

Dort lag Kurt Schweiger in einer großen, tiefen Blutlache. Daneben seine Hand, einen halben Meter entfernt die Pistole.

Silvio Sforza sah sich um. Keiner schien auf ihn zu achten. Er kniete sich hin, nahm die Pistole und steckte sie in seine Jackentasche. Aus der Innentasche des Sakkos zog er mit spitzen Fingern eine Pistole Walther PP und legte sie neben die Hand Kurt Schweigers.

Als er sich erhoben hatte und umdrehte, stand Martha Grimm hinter ihm.

„Einmal habe ich geblufft", sagte sie. „Aber jetzt habe ich es tatsächlich gesehen."

21

Im großen Saal der Traditionsgaststätte *Mainlust* war auch am späten Abend noch die Spurensicherung zugange, Beamte des Landeskriminalamtes waren eingetroffen, Hauptkommissar Götz Kaminski vom Würzburger Polizeipräsidium raste wie ein Irrwisch herum, die Fernsehteams regionaler und überregionaler Sender waren schon wieder abgerauscht, Bertie Dieb hatte seine Fotos geschossen und bereits in der ganzen Welt vertickt, nur Michel Hilfreich von einer alteingesessenen Schweinfurter Tageszeitung schlich noch wie ein einsamer Wolf durch alle Ecken.

Die Meldung vom Anschlag auf einen Bundestagsabgeordneten hatte sich in Windeseile verbreitet. Eugen Grob war, nachdem die Personenschützer des BKA Entwarnung gegeben hatten, unter dem Tisch hervorgekrochen und hatte die Gelegenheit genutzt, sich gebührend in Szene zu setzen. Blutverkrustet, wie er war, stellte er sich vor die erste Fernsehkamera, die aufkreuzte, und gab aus dem Stegreif ein bewegendes Statement ab.

Mit Tränen in den Augen dankte er dem deutschen Staatsbürger vietnamesischer Abstammung Phan Minh Trung für seine heldenhafte Tat, pries ihn als Musterbeispiel für eine gelungene Integration und kündigte an, ihn für die Verleihung des Bundesverdienstkreuzes vorzuschlagen. Die Verhaftung seines langjährigen Partners in der gemeinsamen Anwaltskanzlei, Silvio Sforza, wollte Eugen Grob nicht kommentieren.

Phan Minh Trung war der Held des Abends. Die Fernsehteams, die nach und nach eintrafen, stürzten sich auf ihn. Es gelang einer Reporterin sogar, seine Frau Huong ausfindig zu machen und zur Gaststätte *Mainlust* zu bringen. Die Bilder des verlegen lächelnden Ehepaares und Aufnahmen von ihrem Imbiss *Happy Wok* waren überall zu sehen. Sogar das vietnamesische Fernsehen berichtete in seiner ersten Morgensendung über den Vorfall in Schweinfurt und darüber, dass ein früherer Staatsbürger unter Einsatz seines Lebens den Gesundheitsminister der Sozialistischen Republik vor einem Attentat geschützt hatte.

Martha Grimm hatte Huong später auf die Seite gezogen.

„Es ist alles gut gegangen", sagte sie. „Nächste Woche komme ich wieder zum Essen."

„Wir machen Hühnchen mit Chili dann sehr scharf", versprach Huong.

*

Silvio Sforza hatte noch einen halbherzigen Fluchtversuch unternommen, als ihm klar geworden war, dass Martha Grimm tatsächlich gesehen hatte, wie er die Pistolen vertauschte. Im Chaos der ersten Minuten nach dem Anschlag war es ihm gelungen, sich unter die nach draußen drängenden Gäste zu mischen. Aber Kerstin Weiß, von ihrer Großmutter alarmiert, stellte ihn im Gang mit der altehrwürdigen Holztäfelung, wo er sich in der panischen Menge hoffnungslos verkeilt hatte. Widerstandslos ließ er sich von ihr festnehmen.

„Also wirklich Silvio Sforza?", fragte Kerstin Weiß danach ihre Großmutter.

„Wie ich es dir gesagt habe", antwortete Martha Grimm. „Er hat gewusst, dass Kurt Schweiger nach Schweinfurt zurückgekehrt ist, und er hat die Gelegenheit beim Schopf gepackt. Eine Kopie der Schießerei von damals am selben Ort, drei Schüsse ins Gesicht von Maureso ... eigentlich eine clevere Sache."

„Aber warum?"

„Das fragst du am besten Blacky."

„Blacky?"

„Oh ja, er weiß einiges über Silvio Sforza."

Kerstin Weiß hatte nach Blacky gesucht und ihn schließlich im Hof der Gaststätte gefunden, wo er vor mehreren Kameras stand und für verschiedene Sender live vom Tatgeschehen berichtete.

„Bastelst du an deiner Karriere?", fragte sie boshaft.

„Man nimmt, was man kriegt. Manchmal überlege ich mir, ob ich nicht Schweinfurt besser ganz den Rücken kehren soll."

„Spinnst du?"

„Na ja, deine Großmutter spielt hier neuerdings die Superdetektivin, bei Main-Radio führt sich Sören Eckenstade fast schon als Chef auf, du hast nie Zeit – was soll ich also hier?"

„Du bleibst schön da", sagte Kerstin Weiß. „So wie ich auch. Und sei nicht so mimosenhaft. Was meinst du, was ich mir während der Schlachtschüssel vorhin von Lothar anhören musste. Er schwärmte nur von seiner Profilerin Linda Morata und gab mir durch die Blume zu verstehen, dass ich im Vergleich mit diesem Supergirl eine talentlose Normalpolizistin bin."

„Allerdings ist Linda Morata nicht mehr als das Konstrukt der Phantasie eines erfolglosen Autors. Wir dagegen sind aus Fleisch und Blut – mit allen Vor- und Nachteilen."

„Wo ist Lothar eigentlich? Er war doch die ganze Zeit noch da."

„Keine Ahnung. Es ist ein Kreuz mit ihm. Er kommt und geht, wie er will."

*

„Okay", sagte Kerstin Weiß, nachdem sie sich mit Blacky und ihrer Großmutter ins Nebenzimmer der *Mainlust* zurückgezogen hatte. „Was weißt du über Silvio Sforza?"

„Dass er ganz schön Dreck am Stecken hat. Ich glaube, es ist eine harte Nuss, die du da noch zu knacken hast."

„Stimmt. Ich rätsele immer noch über das Motiv. Warum hat er seinen Mandanten umgebracht?"

„Maureso hat ihn mit seinen Schweinereien erpresst. Und Sforza hat ihn deshalb zum Schweigen gebracht. So sehe ich das. Aber wenn jemand etwas über ihn weiß, dann ist es die Witwe von Franco Maureso. An der wirst du dir allerdings auch die Zähne ausbeißen. Viel Spaß dabei."

Kerstin Weiß sah auf die Uhr. Es war kurz vor Mitternacht.

„Ich habe noch eine Bitte", sagte Blacky. „Kann ich ausnahmsweise dich morgen früh in meiner Sendung interviewen? Saskia Schmitt bekommt das garantiert nicht auf die Reihe. Außerdem warst du vor Ort und bist Augenzeugin."

„Sowieso. Ich bin nämlich ab sofort wieder Pressesprecherin. Die Mitteilung der Polizeidirektion ist am frühen Abend rausgegangen."

„Ach? Und warum?"

„Aus internen Gründen. Offiziell. Inoffiziell hat es mit dir zu tun."

„Mit mir? Du sprichst in Rätseln."

„Ja, und ich weiß gar nicht, ob ich überhaupt Bock habe, dieses Rätsel jetzt auch noch aufzulösen. Vielleicht ist es ein bisschen viel für einen Tag. Aber gut ... Saskia Schmitt wurde versetzt."

„Jetzt stiehl mir nicht die Show", sagte Martha Grimm.

„Wieso?"

„Weil ich in dem Stalking-Fall ermittelt habe und weil ich weiß, wer die Stalkerin ist."

„Woher willst du das wissen?"

„Ich weiß es eben."

„Ich auch."

„Moment", rief Blacky. „Könnt ihr jetzt mal Klartext reden?"

„Klar", sagte Kerstin Weiß. „Deine Stalkerin ist ...

„Saskia Schmitt", unterbrach sie Martha Grimm.

„Du weißt es ja wirklich."

„Sag ich doch."

„Und woher wisst ihr das plötzlich?"

„Na ja", meinte Martha Grimm, „Sie haben mir gesagt, die Person an Ihrer Haustür habe Jeans und einen blauen Anorak getragen. Und sie hat dort eine Voodoo-Puppe hingehängt. Wo bekommt man in Schweinfurt so etwas her? Am ehesten im Laden von Sandra Gall. Und wen habe ich am selben Nachmittag dort gesehen? Saskia Schmitt. Und was hatte sie an? Eine Jeans und einen blauen Anorak. So einfach ist Ermittlungsarbeit. Immer schön eins und eins zusammenzählen. Und wie hast es du herausbekommen, Liebes?"

„Das Lebkuchenherz", sagte Kerstin Weiß. „Seit dem Volksfest hatte Saskia ein großes Lebkuchenherz über ihrem

Schreibtisch hängen. Seit gestern ist es weg. Man muss nur eins und eins zusammenzählen. Ich habe sie zur Rede gestellt. Sie hat es erst abgestritten, aber dann hat sie doch ausgepackt. Sie sei nun mal unsterblich in Blacky verliebt. Jetzt kann sie erst mal Post sortieren."

„Hattest du diese ... Fotos auf deinem Computer?", fragte Blacky.

„Ja." Kerstin Weiß schluckte. „Hatte ich."

„Und sie hatte Zugang dazu?"

„Als meine Sekretärin früher schon."

„Dann wär' das ja auch geklärt."

„Welche Fotos denn?", fragte Martha Grimm neugierig.

„Ach, Oma", antwortete Kerstin Weiß. „Du musst wirklich nicht alles wissen."

Blackys Handy piepte. Eine SMS von Lothar. *Dein Auto steht in der Tiefgarage. Schlüssel ist im Briefkasten. Fliege morgen zurück nach Irland. Grüße Kerstin von mir. Und ihre Oma.*

*Wer gern auch die früheren Schweinfurter Kriminalromane
von Lothar Reichel lesen möchte, hat mittlerweile die Auswahl
unter den folgenden sechs Bänden.*

Band 1
Kindertotenlieder
Blacky tritt auf
237 Seiten · Broschur
978-3-939103-35-6
10,90 Euro [D]

Band 2
Karfreitagszauber
Blacky macht weiter
236 Seiten · Broschur
978-3-939103-36-3
10,90 Euro [D]

Band 3
Walpurgisnacht
Blacky klärt auf
254 Seiten · Broschur
978-3-939103-40-0
10,90 Euro [D]

Band 4
Sommernachtstraum
Blacky spielt mit
233 Seiten · Broschur
978-3-939103-48-6
10,90 Euro [D]

Band 5
Totengräberspuk
Blacky sieht Gespenster
211 Seiten · Broschur
978-3-939103-56-1
10,90 Euro [D]

Band 6
Herbstzeitlosen
Blacky blickt durch
256 Seiten · Broschur
978-3-939103-65-3
10,90 Euro [D]

Lothar Reichel
Schlachtschüsselblut

© Buchverlag Peter Hellmund, Würzburg
Alle Rechte vorbehalten

Gestaltet von Peter Hellmund
Lektoriert von Monika Thaller
Gedruckt und gebunden von CPI – Clausen & Bosse, Leck

Erste Auflage 2016
ISBN 978-3-939103-92-9

www.buchverlag.hellmund.de
www.schweinfurt-krimi.de